L'ALGÉRIE

ALGER

Imprimerie typographique DEYME, rue Constantine, 15

L'ALGÉRIE

AGRICULTURE, INDUSTRIE, COMMERCE

PAR

M. C. GUY

CONTRÔLEUR DES DOUANES

NOSCE TE IPSUM.

La vérité, voilà le devoir ;
l'imposer, voilà le but.
Les systèmes passent ;
les faits demeurent.

ALGER
LIBRAIRIE CHÉNIAUX-FRANVILLE
9, rue Bab-el-Oued, 9.

1876

INTRODUCTION

On écrirait un fort volume, rien qu'en relevant les erreurs de toute nature qui ont cours en France sur l'Algérie ; et, si nous disons la France et non l'Europe, ce n'est pas sans intention, car, comme si nous voulions justifier un dicton populaire, *les cordonniers sont les plus mal chaussés*, c'est incontestablement nous, Français, nous, les plus intéressés à connaître les ressources de notre grande possession africaine, qui les ignorons le plus. Et, chose triste à dire, cette ignorance n'est pas seulement le fait des classes illétrées de la population de trop nombreux exemples ont démontré qu'elle était aussi le partage des hommes qui, par leur rang, par leur position par leurs aptitudes, par leurs connaissances générales, sont jugés dignes de représenter la Nation au sein des Assemblées électives.

Les débats qui ont eu lieu à l'Assemblée législative, de 1871 à 1875, ne peuvent laisser aucun doute sur l'ignorance de la majorité, en ce qui touche les affaires algériennes ; et lorsqu'on reproche à nos premiers députés de n'avoir pas rendu tous les services qu'on attendait d'eux, on ne tient pas suffisamment compte de leur singulière situation au milieu de collègues dont ils avaient à faire l'éducation complète. Il faut d'ailleurs reconnaître que de ce côté ils n'ont pas perdu leur temps ; grâce à l'influence exercée individuellement par chacun d'eux dans leur entourage, l'opinion de la majorité s'est, à mesure qu'elle a été plus instruite, modifiée dans un sens favorable à l'Algérie.

Ces modifications n'ont pas été, il est vrai, jusqu'à empêcher la mutilation de la représentation nationale ; mais il y avait là un intérêt de parti qui dominait la question et qui a été la raison majeure de notre échec.

Toutefois, il faut bien reconnaître que dans les questions purement d'affaires, loi militaire, budget, nouvelles voies ferrées, l'Assemblée a prouvé en 1875, par ses votes, qu'elle commençait enfin à mieux saisir l'importance que la France doit attacher au développement de ses départements transméditerranéens ; au moment où la dissolution a été prononcée, la bienveillance et la sympathie paraissaient définitivement succéder à l'indifférence.

Dans les Chambres nouvelles, où nous comptons de nombreux amis, ces sentiments ne pourront que s'accentuer davantage, si surtout, comme on est en droit de l'espérer, les nouveaux mandataires que l'Algérie vient de nommer continuent l'œuvre de leurs devanciers, et placent l'éducation de leurs collègues, en matières algériennes, au premier rang de leurs occupations de chaque jour. Leur tâche se trouvera, du reste, simplifiée, car ils ne trouveront plus en face d'eux les adversaires systématiques et irréconciliables contre lesquels leurs prédécesseurs ont dû lutter si souvent. Et, pour notre part, nous n'hésitons pas à croire que la haine passionnée que l'un d'eux nourrissait contre l'Algérie, que les calomnies qu'il déversait sur elle du haut de la tribune, toutes les fois qu'il l'abordait pour répondre à un de nos défenseurs, n'ont pas été étrangers à l'échec que Marseille a infligé au plus loquace et au plus intraitable de nos adversaires. La grande cité phocéenne qui sait tout ce qu'elle doit à l'Algérie, combien elle a gagné et gagne chaque jour à notre développement, aura rougi de colère et d'indignation en voyant un de ses mandataires trahir, au bénéfice d'une haine aveugle et personnelle, les intérêts qu'elle lui avait confiés ; elle n'a pas voulu que de tels scandales puissent se reproduire.

L'Algérie tomberait cependant dans une profonde erreur en croyant qu'il lui suffit d'être mieux connue, et, par suite, mieux appréciée au sein des Assemblées législatives, pour atteindre les hautes destinées qui lui sont promises. Si l'éducation des mandataires de la Nation, dont elle fait partie intégrante, est aujourd'hui un point capital, s'il faut l'entreprendre sans retard, la cause en est à l'ignorance générale, et c'est cette cause quil faut s'attacher à faire disparaître, en répandant à pleines mains la lumière, en ouvrant les yeux aux masses sur des intérêts qui sont ceux du pays tout entier.

Plus que jamais, l'instant est d'ailleurs propice pour entreprendre une telle campagne. Nous ne sommes plus à l'époque où les nécessités de la politique intérieure et les essais de systèmes nouveaux, se succédant chaque jour, imposaient à l'Administration algérienne le silence sur ses actes ; où chaque écrivain, transformé en polémiste, devait lutter sans relâche contre des utopies, qui ont menacé plus d'une fois de faire sombrer l'esquif de la colonisation naissante.

Depuis le milieu de l'année 1873, époque à laquelle le général Chanzy a pris la direction de nos affaires, l'Algérie sait où elle va, ce qu'elle fait, ce qu'on veut d'elle ; le but a été placé bien en vue de tous, chaque année elle est mise à même de mesurer les progrès accomplis, les obstacles vaincus, le chemin parcouru. Non seulement elle voit clair dans sa situation, mais la France et l'Europe peuvent suivre également sa marche dans le livre tenu toujours grand ouvert de sa vie publique, par ceux qui ont mission de la guider vers le succès.

Que le chercheur puise dans les documents sans nombre, publiés chaque année par l'Administration centrale, par les différents services publics, par les Conseils généraux, par les Préfets, et il lui sera facile de reconstituer l'état actuel de l'Algérie ; pas un élément ne manquera à son travail.

Pourtant, cela ne suffit pas encore ; pour les masses, il faut des livres tout faits, clairs, concis, résumant les faits et les chiffres, les groupant de manière à frapper l'imagination et à y laisser une trace durable.

Un des premiers, l'auteur de ce volume a compris les services que rendrait un ouvrage qui, tout en se renfermant dans de sages limites, aurait pour but d'initier le lecteur aux trois questions algériennes qui l'intéressent le plus : *Agriculture*, — *Industrie*, — *Commerce*. A-t-il réussi ? Nous n'hésitons pas plus que la Société d'agriculture d'Alger, qui lui a accordé le prix Arnould, à répondre d'une façon affirmative, et nous ne mettons pas en doute que cette opinion ne soit pleinement partagée par le public.

Cette conviction nous dispense de faire l'éloge et même l'analyse de ce livre. D'ailleurs ne serait-ce pas diminuer le plaisir réservé aux lecteurs, en dépit de l'aridité inhérente à certaines matières qui y sont traitées. que de le déflorer par un résumé en forme de préface? Notre seul but, en écrivant ces quelques lignes, ne pouvait être que de rappeler l'intérêt que l'Algérie a à être connue de tous et de constater que l'ouvrage de M. Guy contribuera puissamment à ce résultat, non seulement en raison de son incontestable valeur intrinsèque, mais encore parce qu'il ouvre une voie nouvelle, dans laquelle tous les hommes qui tiennent une plume en Algérie se feront un devoir de le suivre. Rallions-nous autour du drapeau qui porte pour devise ;

EN AVANT POUR L'ALGÉRIE !

Alger, le 31 mars 1876.

V. LOIZILLON.

APERÇU GÉNÉRAL

I

« L'Algérie, si belle, si riche, si patriotique, n'est
» que la France prolongée..... C'est une terre de
» promission..... Le plus grand tort de ce pays, c'est
» d'être trop peu connu, même de ceux qui lui portent
» de l'intérêt..... »

Tel est, sur l'Algérie, l'opinion de M. Crémieux, de M. Barthélemy Saint-Hilaire et de M. le Général Chanzy. On ne saurait mieux dire, ni présenter, en peu de mots, un tableau plus exact de cette Colonie.

C'est aussi un appel aux hommes de bonne volonté, voués au progrès du pays; aux natures possédées du désir de voir et de connaître; aux artistes, aux écrivains animés d'un impartial sentiment de recherches. L'Algérie, terre aux explorations fécondes, leur réserve d'intéressantes surprises, et une moisson, à la fois variée, substantielle et abondante.

En effet, notre Colonie peut être étudiée sous bien des aspects, et chacun d'eux donnera la matière d'un volume, tellement y sont riches et nombreux les éléments de prospérité et d'avenir. La végétation est plantureuse; combinée avec un heureux climat, elle se prêterait au rapide développement des races bovine et ovine dont la situation laisse beaucoup à désirer. Le sol recèle des gîtes très importants de fer, de plomb, de cuivre, de marbre et de sel. Toutefois, le combustible minéral fait défaut jusqu'à présent, si ce n'est du lignite et de l'anthracite de qualité médiocre. Mais, grâce aux barrages et à l'aménagement des eaux, l'on sera à même d'y suppléer par la puissance de l'hydraulique.

L'agriculture, l'industrie, et leur couronnement indispensable, *le commerce,* sans lequel l'une et l'autre sont improductives, trouvent en Algérie un milieu essentiellement favorable au progrès, tout de nature à légitimer les prophétiques prévisions de Prévost-Paradol: « La France a, à ses portes, en face » d'elle, sur la Méditerranée, à quarante-huit heures » de navigation, tout un empire, d'une situation et » d'un climat admirables, un des plus beaux pays du » globe, qui a joué un grand et beau rôle dans le » passé, et qui n'attend que la fécondation du travail, » du capital et de la liberté pour remonter à sa hau- » teur historique et même la dépasser.

« Il y a largement place, sur cette terre favorisée

» par la nature et déshéritée de la civilisation, pour
» quarante millions de travailleurs prospères, pour
» toute une France nouvelle, agricole et industrielle
» comme la mère-patrie, qui verra son image réflé-
» chie de l'autre côté de la Méditerranée devenue un
» lac latin. La race française peut avoir ainsi une
» place au soleil aussi grande et aussi belle que
» n'importe laquelle de ses rivales, et sera redevenue
» le centre de gravité de l'Ancien Monde. »

Exagération, utopie même, a-t-on dit à ce sujet, lors de l'apparition du beau livre *La France nouvelle*. Mais peut-on longtemps nier l'existence de la lumière? Le parti du doute et de la négation a dû s'effacer devant la persistance d'efforts logiques et concluants. L'éloquence de la raison, l'éloquence des faits, en définitive toujours triomphantes, ont fixé sur l'Algérie les regards de l'Europe, d'abord rebelles et fugitifs. « L'Algérie, poussée en avant, dit aussi Charles
» Strauss, peuplée de nombreux centres agricoles,
» aidée de moyens de transports, c'est la France
» enrichie, doublée, forte sur les deux rives de la
» Méditerranée, puissante, à son rang. »

Sous une intelligente impulsion, dévouée à la rénovation de la Colonie, sa transformation s'accomplit à vue d'œil. Le pays tend de plus en plus à redevenir la riche contrée surnommée le grenier de Rome. « Le
» but est de faire de l'Algérie la France transmédi-
» terranéenne par une assimilation prudente, succes-
» sive et raisonnée à la métropole. » Ce sont les propres paroles du Gouverneur Général au Conseil supérieur de 1875.

Un jour, les éléments d'échange de la Colonie l'emporteront sur la valeur de ses commandes à la métropole et à l'étranger. Alors, elle aura atteint la véritable période de prospérité, puisqu'elle pourra consacrer à des améliorations intérieures, les sommes considérables affectées, chaque année, aux approvisionnements faits en dehors de ses limites. Pour les nations comme pour les particuliers, la clef de la fortune se résume en ces mots : *Donner moins qu'on reçoit.* Dans ce but, l'industrie consolide ses assises ; l'agriculture et le commerce se ressentiront de ce travail : n'y a-t-il pas solidarité absolue entre ces trois sources de la richesse moderne ? Elles se prêtent un mutuel appui, et simultanément, elles sont cause et effet. L'on ne saurait parler de l'une à l'exclusion des deux autres sans s'exposer à de regrettables lacunes ; leur alliance est désormais indissoluble. Comme le fait ressortir le dernier *Exposé de la situation de l'Algérie* « si la » mise en valeur des terres susceptibles de culture, par » l'introduction des méthodes perfectionnées et du » nombre de bras nécessaires, est le premier moyen » du peuplement, il faut reconnaître que ce moyen » n'est pas le seul, et que nous pouvons compter » également sur ceux que nous offre l'extension à » donner au *commerce* et à *l'industrie.* »

Ainsi s'explique le caractère complexe, mais essentiellement rural, de cette Etude.

2

Le principal objectif de cet opuscule, en attendant l'heure où la Colonie aura son Brizeux comme la Bretagne, son Méry comme la Provence, son Yung comme les Etats-Unis, est d'appeler de nouveau sur l'Algérie, où des terres sont toujours disponibles, l'attention de l'Europe, et surtout de ses émigrants dont les préférences ne cessent d'être acquises pour une très large part au Nouveau-Monde. Leur nombre est, en moyenne, de 320,000 chaque année. L'Amérique se demande si elle resterait une nation permanente dans le cas où cette ressource viendrait à manquer à son peuplement, car le nombre d'enfants nés de parents américains décroît chaque année davantage, d'après le docteur Parry. L'époque des placers, où l'or se récoltait à la pelle et où les fortunes s'édifiaient en un jour, est depuis longtemps passée. C'est à peine si l'immense population répandue sur le continent américain trouve à employer son activité. Un abaissement de 22 pour % sur les salaires en a été la conséquence.

« L'émigration européenne rencontrerait dans notre » Colonie un ensemble de conditions aussi rapprochées » que possible de celles qu'elle quitterait. L'Algérie, » où la profession générale du colon est l'agriculture, » est bien partagée sous ce rapport ; le terrain, tra- » versé par des éminences de degrés variés, offre, » entre les plaines et les vallées, des plateaux nom- » breux avec des versants frais et exposés au Nord. »

Nous empruntons ces lignes au traité d'hygiène de M. le docteur Bertherand.

« Ce pays (l'Algérie), vaste, fertile, offre, suivant » les altitudes et certaines conditions topographiques, » toutes les variétés de climats d'Europe, — dit M. » Payn ; — entre les cîmes les plus élevées de nos mon- » tagnes africaines, les plaines si fécondes de l'Algérie » et les sables du Sahara, n'y a-t-il pas des différences » de milieu dont il y a raison de tirer parti ? »

D'autres écrivains, dont les affirmations font également autorité, ne sont pas moins explicites à cet égard. Nous citerons MM. Warnier, dont l'Algérie porte le deuil, Van Holsbeck, Buttura, Mittchell, Pietra-Santa et Agnély.

Alger se présente parallèlement avec Madère pour le traitement des maladies consomptives. « Si nous com-
» parons, écrit à ce sujet M. le docteur Texier, notre
» climat avec celui des autres stations hivernales,
» comme Nice, Hyères, Cannes, le Cannet, Villefran-
» che, Venise, Naples, Palerme, Valence, Séville ou
» Madère, nous trouvons que ce sont les conditions de
» cette dernière station qui peuvent seules se rappro-
» cher de celles d'Alger. »

De son côté, le docteur Feuillet se prononce de la sorte dans sa brochure, *De la prééminence d'Alger:* « Il serait superflu de vanter la douceur du
» climat qui ne peut s'oublier nulle part, la beauté du
» pays que toutes les plumes ont célébrée, la constance
» de la température qui, malgré des oscillations ther-
» mométriques inévitables, prend pour moyenne cer-
» taine le chiffre de 17° pour l'année, de 15° pour la
» période d'hiver. » En transcrivant ces lignes, nous ne pouvons nous défendre d'une réminiscence :

Connais-tu le pays où fleurit l'oranger?
Le pays des fruits d'or et des roses vermeilles;
Où la brise est plus douce et l'oiseau plus léger,
Où dans toute saison butinent les abeilles.

Ce savant observateur ajoute, dans une autre Etude, *La colonisation de l'Algérie:* « Le climat de l'Algérie
» est *le maximum des pays tempérés d'Europe,*
» *et le minimum des pays chauds d'Afrique;*
» une résultante des deux climats plutôt qu'une en-
» tité bien circonscrite, notamment dans la portion
» colonisable du Nord, le Tell, qui s'étend de la mer
» Méditerranée aux cîmes de l'Atlas, et qui reste, à
» titre de terre cultivable, le champ où s'exerceront
» les efforts de l'indigénat européen. »

L'Algérie n'est pas moins bien dotée, au point de vue de l'eau, collaborateur indispensable du soleil pour féconder la terre, suivant la belle expression de M. J. Duval. Des pluies abondantes et de puissantes nappes aquifères sont en mesure de répondre à tous les besoins de l'alimentation et de la culture ; il suffit de savoir, où mieux de vouloir sérieusement les utiliser, ici, par le reboisement et les barrages, là, à l'aide de puits artésiens. Les civilisations antiques considéraient les irrigations comme le moyen le plus infaillible de faire prospérer les cultures. A ce sujet, nous invoquons encore le témoignage d'hommes dont la compétence ne saurait être révoquée en doute.

« La Numidie et la Mauritanie, dit M. Agnély, » devaient leur fertilité au parti qu'on avait su tirer » pour les irrigations des nombreux cours d'eau » descendus de la longue chaîne de l'Atlas. » Et plus loin : « La race maure avait importé d'Afrique en » Espagne cette industrie des *pentanos* ou barrages, » à l'aide desquels ils ont doté ce pays des *huertas* de » Valence, de Murcie et d'Alicante, si merveilleuses » de beauté et de productivité. »

D'après M. de la Tréhonnais, « des trésors d'humidité » s'épandent sur le Tell avec une grande profusion. »

Le sol, autre base essentielle de l'œuvre coloniale, est très riche ; selon M Agnély, « une puissante cou- » che de terre végétale le recouvre jusqu'au sommet » des collines, jusqu'au flanc des montagnes. Cette » terre n'a besoin, pour produire, que d'une main » habile qui réveille sa fertilité endormie. »

L'Algérie réunit ainsi toutes les conditions indispensables d'une fructueuse colonisation ; elle réalise la trinité harmonique, TERRE, CHALEUR ET EAU, sans laquelle l'on ne peut avoir les luxuriantes richesses des régions méridionales.

On n'a nullement à se préoccuper, du reste, de l'opinion défavorable émise, sous le rapport du peuplement, par l'auteur anonyme de la brochure restée célèbre *Indigènes et immigrants*. Les résultats obtenus, le développement tout à la fois de la population européenne et des cultures se sont toujours chargés d'en démontrer le manque absolu de fondement. Cette opinion anti-nationale, par cela seul déjà coupable, est aussi en rupture de logique et d'impartialité. L'Algérie ne se dérobe à aucune espérance greffée sur de solides apparences. Notre conviction, sur ce point, date de bien des années, et nous ne craignons pas de paraître excessif à l'égard de notre chère Colonie, en disant ,avec Victor Hugo : « L'idéal se fortifie loin de tomber en » poudre au toucher du réel. » Nous nous bornerons, pour le prouver, à invoquer la situation acquise, à mettre en évidence les faits sans même les commenter.

3

Voilà les sources fécondes : la Colonie peut y puiser à longs traits, sans craindre jamais de les tarir ; bien au contraire, elles seront toujours plus abondantes ; il suffit d'en favoriser et d'en entretenir les aptitudes productives. Quatre éléments y concourent, *le peuplement, la viabilité, une culture rationnelle et le crédit.*

PEUPLEMENT

1° *Le peuplement* s'alimente de l'immigration et des naissances. Il embrasse, d'après le recensement de 1872, 2,152,052 Musulmans, 34,574 Israélites naturalisés, et 256,599 Européens dont 129,601 Français. Il n'est pas fait d'exclusion, comme on le voit, au grand banquet de la colonisation ; un chacun y est convié. Depuis cette époque, le peuplement s'est accru de 39,067 habitants, dont 19,483 Français composés, en majeure partie, de nouveaux émigrants alsaciens-lorrains. Ces derniers chiffres paraissent bien faibles, à première vue ; mais cette opinion se modifie, si l'on veut se rappeler qu'après quarante-trois ans d'occupation l'Australie, dont la prise de possession remonte à 1787, ne comptait pas plus de 100,000 Européens.

Les naissances entrent aussi en ligne de compte, car, comme le fait ressortir M. Feuillet, « l'acclimatement des immigrants s'effectue sans troubles trop » apparents, et leur permet de fournir, en Algérie, une » carrière au moins équivalente en santé et en durée à » celle qu'ils eussent accomplie dans leurs pays respectifs. L'acclimatement et la perpétuité par génération de tous les peuples de provenances diverses, » qui ont pris domicile dans l'Afrique du Nord, garantissent le succès colonial des populations qui pourront » immigrer aujourd'hui. »

La statistique de l'état civil est plus concluante encore. Pour une période de six ans, de 1867 à 1872, elle accuse à l'endroit *des Européens*, 53,371 naissances contre 50,894 décès, d'où un excédant de 2,477 naissances, acquises pour 1,353 aux Espagnols, 1,178 aux Italiens, 506 aux Anglo-Maltais, et 258 aux Français. Pour les Allemands et les autres nationalités, les décès l'emportent sur les naissances.

Ces chiffres, bien significatifs déjà, prennent une nouvelle importance si on les rapproche des tables de mortalité et de naissance de l'Europe. A cet égard, nous laissons parler *la Revue scientifique:*

« Sur 100 individus de la population totale, le chiffre » des naissances est, en Russie, de 4,77; — en Saxe, » de 4,05 ; — en Prusse, de 3,98 ; — en Autriche, de » 3,68 ; — en Espagne, de 3,64 ; — en Norwège, de » 3,30 ; — en Danemark, de 3,28 ; — dans les Pays-Bas, » de 3,27 ; — en Suède, de 3,25 ; — en Bavière, de 3,24 ; » — en Angleterre, de 3,22 ; — en Portugal, de 3,10 ; » — en Belgique, de 3,03 ; — en Grèce, de 2,88 ; — » en France, de 2,55.

» Quant à l'excédant des naissances sur les décès, » il est, pour un million d'habitants, de 13,900 en » Norwège ; — de 13,600 en Prusse ; — de 12,700 en » Saxe ; — de 11,800 en Russie ; — de 11,500 en » Suède ; — de 11,200 en Angleterre ; — de 10,400 » en Danemark ; — de 9,300 en Autriche ; — de 8,800 » en Espagne ; — de 8,500 en Portugal ; — de 8,000 » dans les Pays-Bas ; — de 7,700 en Belgique ; — » enfin de 2,400 en France. »

» La beauté, la vigueur et le nombre des enfants » sont, au surplus, le meilleur démenti aux calculs » des statisticiens funèbres, dit l'un des organes de » la presse coloniale. L'Algérie peut leur montrer » avec orgueil et bonheur sa jeune génération. »

Mais tout en nous occupant des vivants dans le présent et dans l'avenir, n'oublions pas les morts ; donnons une pensée aux intrépides pionniers de la première heure, qui se sont endormis au soir de leur journée de lutte et de fatigue.

Le développement de la population par les enfants s'accentuera le jour où un chacun sera réellement pénétré de l'heureuse influence de l'hygiène. Par une bonne hygiène, on peut se soustraire plus ou moins à une foule de maladies, les rendre moins graves, moins durables, moins fréquentes même. Le docteur Bertherand a publié sur ce sujet une intéressante brochure qui deviendra, nous n'en doutons pas, *le vade mecum* du colon. En attendant, nous lui faisons quelques emprunts :

» Il ne faut jamais s'installer sur des terres vierges, » non défrichées, ni trop près des terres à défricher..... » Le colon ne doit pas perdre de vue que l'eau » stagnante est son plus mortel ennemi pendant les » les chaleurs..... Autour des bâtiments, ménager et » entretenir sous terre des conduits d'écoulement » des eaux..... On entourera la maison de plantations » d'arbres. La verdure purifie l'air, le rafraîchit, » réjouit l'œil..... Les hommes doivent porter le pan» talon de drap léger *en été,* et pour coiffure le » chapeau élevé, à larges bords avec ventouses..... » Les mères feront bien de renoncer de bonne heure, » pour les nouveaux-nés, au maillot et aux larges » bandes d'Europe..... Le colon ne doit jamais se ren» dre à jeun au travail des champs.... Pour servir à la » boisson et à la préparation des aliments, l'eau doit » être limpide, incolore, inodore et sans saveur, » bien dissoudre le savon, cuire entièrement les » légumes..... L'eau pure étanche bien la soif ; coupée » avec un tiers de vin au repas, ou aiguisée d'un » vingtième de bonne eau-de-vie pour le travail aux » champs, elle constitue une boisson tonique et « salubre..... On doit sévèrement éviter à jeun l'usage

» des eaux-de-vie, spiritueux, préparations alcooliques ou dont le vin fait la base. Nous ne saurions » trop le répéter aux colons, fuyez les alcooliques ; à » doses répétées et rapprochées, ce sont de véritables » poisons..... Une bonne boisson fébrifuge qui, en » même temps, calme parfaitement la soif, c'est la » décoction de café étendue d'eau, modérément sucrée. » Voilà le véritable breuvage de l'ouvrier en Algérie. » Il faut imiter les indigènes qui s'habituent de bonne » heure à résister à la soif.... Le colon doit se mettre » en garde contre la chaleur, l'humidité et les va-» riations brusques qui caractérisent particulièrement » l'air algérien. Durant le siroco, la prudence exige » qu'on s'enferme ; toute marche, tout travail sous le » règne de ce vent de feu détermineraient des » accidents.... Les ouvriers agricoles doivent, pendant » la suspension forcée du travail, le jour comme la » nuit, se reposer suffisamment couverts, sous des » tentes, dans des baraques en planches et à distance » des champs et des végétaux à fortes émanations.... » L'apprentissage d'une industrie ou des travaux » agricoles, leurs labeurs, doivent être en rapport avec » la force effective dont les jeunes gens ou les ouvriers » sont réellement pourvus.... »

En tenant compte de ces diverses recommandations, on a toutes les chances de conserver sa santé et celle des êtres dont on a charge.

« Chaque centre de population, ajoute M. Berthe-» rand, devrait, avec ses annexes, organiser une » *Société de secours mutuels*, qui faciliterait partout » les rapports des colons. On soutiendrait ainsi bien » des défaillances, on préviendrait bien des misères et » bien des maladies. »

Sous ce dernier rapport, l'Algérie ne reste pas en arrière ; ses sentiments de solidarité s'affirment de plus en plus, elle possède 26 Établissements hospitaliers civils; 6 Orphelinats; 20 Bureaux de bienfaisance; 46 Sociétés de secours mutuels; 7 Caisses d'épargne et un Mont-de-piété.

D'ailleurs, dans l'intérêt du peuplement, et afin de seconder le développement de l'une des branches essentielles de richesse (le bétail), nous émettons le vœu de voir le service médical de colonisation s'étendre, puis se compléter par l'adjonction de *pharmaciens* et de *vétérinaires* régionaux. L'utilité, l'opportunité de cette double mesure est généralement admise.

Au peuplement, se rattache la question de la main-d'œuvre rurale. L'Algérie ne manque peut-être pas de bras; seulement les Kabyles, qui seuls jusqu'à présent ont pris part aux travaux des récoltes, en abusent pour élever chaque année le taux de leurs prétentions. Pour couper court à de telles exigences, il suffirait, croyons-nous, de faire intervenir les machines agricoles et d'adresser un appel à la concurrence; par ces derniers mots, nous visons tout à la fois l'intervention périodique d'ouvriers étrangers à l'Algérie, les colonies pénitentiaires, les orphelinats, et enfin les esclaves de l'intérieur de l'Afrique, *achetés* CHEZ EUX *à des prix raisonnables*. « C'est ce que tentent, du reste, nos » missionnaires par l'œuvre du rachat des jeunes nè- » gres, appelés par l'éducation à devenir un jour les » apôtres de la civilisation dans leur pays d'origine, si » privilégié de la nature », a fait justement remarquer une voix autorisée.

VIABILITÉ.

2° *La viabilité* chargée d'activer la production

par la consommation, et de répondre à cette double nécessité de l'époque : *facilité et bas prix des transports,* a déjà une certaine étendue ; elle compte 1,768 kilomètres de routes nationales, 1,445 kilomètres de routes départementales et 540 kilomètres de chemins de fer. À ces grandes artères, fleuves de la circulation commerciale, il faut ajouter 2,147 kilomètres de chemins vicinaux et de grande communication, et ne pas oublier non plus les voies ferrées en cours de construction, concédées ou en projet, d'une longueur de 1,429 kilomètres environ. Mais il reste énormément à faire sous ce rapport, « car chaque route qui s'ouvre » à travers des espaces jusque-là incultes et dépeuplés, » dit M. Lucet, devient un élément de prospérité, en » même temps qu'un instrument de sécurité, sources » d'importantes économies à réaliser sur les dépenses » de l'armée d'occupation. »

CULTURE RATIONNELLE.

3° *Une culture rationnelle* s'attache à entretenir la fécondité du sol, à réparer les forces des terres épuisées, soit par les assolements, soit en faisant intervenir à propos les engrais naturels et les engrais chimiques.

Du reste, la prospérité agricole du pays n'aura plus de limite, le jour où les immenses étendues vouées actuellement à la sécheresse pourront, en majeure partie, être arrosées.

L'introduction dans les écoles primaires de l'enseignement de la géologie, de la climatologie, de la chimie agricole, de la botanique, botanique populaire, rurale s'entend, et de l'histoire naturelle, contribuera aussi au progrès. « Les enfants prennent vite goût aux choses de la nature, quand on appelle leur attention sur ses phénomènes, a dit M. Vasseur. » Le colon travaillera le sol en connaissance de cause ; il saura distinguer les plantes, les bonnes, les mauvaises, les vénéneuses, les euphorbes, les aroïdées, la cigüe, la rue, le datura stramonium, la jusquiame blanche, la jusquiame noire, la morelle noire, le colchique, etc. Il préviendra une foule d'accidents mis le plus souvent sur le compte des mendiants et des sorciers. Il se constituera le protecteur des petits oiseaux, ces utiles auxiliaires de l'agriculture, ces gardiens permanents des récoltes. « L'oiseau, dit M. Ducuing, est l'épurateur de l'air, l'édile de la terre. »

Chaque oiseau a sa fonction assignée dans la nature. Nous faut-il en citer quelques-uns? L'hirondelle, cette jolie messagère du printemps, le martinet, au large vol, ont pour mission de détruire des myriades d'insectes; la mésange, un petit être tout en plumes, a besoin pour subsister de 200,000 larves par an ; la bergeronnette, si gracieuse, le long des routes, sur le bord du ruisseau, est la Providence du bétail ; le rossignol, à la voix harmonieuse, le rouge-gorge, familier des jardins et des chaumières ; la fauvette, aux chants clairs et variés, font incessamment la police des buissons et des espaliers. Le moineau-franc, lui-même, cet effronté que Toussenel compare au gamin de Paris, défend aussi les fruits, les légumes contre la voracité des insectes dont les dégats en France ne sont pas évalués à moins de 500 millions de francs par an.

M. P. Laurence a fait, dans le journal *Le cultivateur du Midi*, une réflexion très judicieuse à l'endroit des petits oiseaux : « Ne devrions-nous pas, » dit-il, les considérer comme des travailleurs qui,

» après avoir fini leur tâche, ont droit à un salaire?
» comme nous ne le leur donnons point, ils le prennent.
» En mangeant, les insectes au printemps ne remplis-
» sent-ils pas l'office de journaliers avec une prodi-
» gieuse activité et une merveilleuse dextérité? Quand
» viennent les moissons, ils se paient en nature; après
» tout, n'est-ce pas justice?... Pour que justice fût
» rendue aux oiseaux, il faudrait (ce que nous ne
» souhaitons pas) qu'une année ils nous abandon-
» nassent. On verrait alors s'il est facile de défendre
» nos champs et nos vergers contre les myriades de
» petits ennemis, pour ainsi dire invisibles, que les
» premières chaleurs y font éclore. »

La Nouvelle-Zélande subit cette douloureuse épreuve; pour combattre le mal, elle a fait venir d'Angleterre, en mai dernier, des merles, des rouges-gorges, des moineaux, des étourneaux, des perdrix, etc.

Des notions d'histoire naturelle conduiront encore l'homme des champs à respecter le hérisson, la salamandre, le lézard, voire même le crapaud et les oiseaux de nuit, grands destructeurs de petits mammifères, de reptiles, d'insectes, de larves et de mouches; elles lui apprendront enfin à distinguer suffisamment les animaux utiles des animaux nuisibles dont le nombre toujours croissant tend à prendre des proportions inquiétantes pour l'humanité.

Partout où l'instruction est répandue, les oiseaux, leurs œufs, dont 100 millions sont détruits annuellement en France, les jeunes couvées sont garantis contre toute atteinte, comme du reste tous les intéressants auxiliaires de l'agriculture. Nous insistons beaucoup à cet égard, parce que le cultivateur, le premier à souffrir des ravages des insectes, est aussi le plus acharné à la destruction des insectivores. Les chasseurs et tout le monde doivent les respecter ; les tuer est un crime de lèse-humanité.

La lutte contre l'ignorance, les préjugés et la routine, est donc un bon combat. Les cours d'adultes, les conférences, les bibliothèques populaires, les bibliothèques rurales de la Société Franklin et les Sociétés protectrices des animaux en seront aussi les champions. La presse prête sa puissante voix à cette œuvre d'initiation, de vulgarisation. Il ne s'agit pas seulement, en effet, d'offrir aux colons une distraction agréable et honnête; de nombreux rapports démontrent la nécessité de répandre parmi les émigrants d'utiles notions d'agriculture et d'horticulture qui, puisées aux meilleures sources, viendront se combiner avec les leçons de l'expérience.

CRÉDIT.

4° *Le crédit!* ces mots nous ramènent à une situation assez embarrassée ; ils mettent en évidence la très regrettable abstention de la Banque de l'Algérie à l'égard de l'agriculture, et les luttes trop souvent onéreuses du colon pour s'assurer les fonds indispensables à ses travaux. *L'absence de crédit régulier, à base certaine,* pour le cultivateur, *cette maladie de l'argent,* s'impose de plus en plus à l'attention. Il y a nécessité absolue de lui trouver un remède. La coopération l'offre d'une manière infaillible et même avantageuse. Les résultats obtenus par l'association de Saint-Denis-du-Sig le démontrent surabondamment. Nous citerons encore, comme exemple, tout aussi concluant, les deux Banques coopératives de Manchester et de Newcastle, dont l'objet principal est de faire commanditer les associations de production. Leurs chiffres d'affaires présentent, de 1873 à 1874, un accroissement de 49 millions de francs pour l'une, et de 31 millions de francs pour l'autre.

Au 31 décembre 1873, les coopérations anglaises ou écossaises possédaient déjà un capital actionnaire de 88 millions de francs, et leurs opérations de commerce représentaient le 1/14e de la consommation totale de l'Angleterre.

La Russie a également des banques populaires dont les prêts, aux membres participants, ont atteint en 1872 le chiffre de 4,400,000 francs.

Des établissements de l'espèce, en pleine voie de prospérité, existent aussi en Belgique, en Italie et en Allemagne.

4

L'Algérie, dont la superficie est de 600,000 kilomètres carrés environ, soit 60 millions d'hectares, ou à peu près l'étendue de la France, présente, au point de vue administratif, deux grandes divisions, LE TERRITOIRE CIVIL, LE TERRITOIRE MILITAIRE. L'autorité militaire a été prépondérante pendant toute la période de pacification ; son action a été même unique au début de la conquête. Cette combinaison exceptionnelle se trouvait motivée par les dispositions de l'élément indigène ouvertement hostile à toute suprématie étrangère.

Le régime civil, très restreint durant bien des années, s'est accru au fur et à mesure des progrès de l'occupation, du peuplement et de la sécurité, avec des alternatives d'indépendance et de tutelle, vrai travail de Pénélope, suivant l'esprit civil ou militaire dont s'inspirait l'organisation du moment. Le territoire civil fut limité, en 1866, à la zône dite de colonisation, et à des îlots dans l'intérieur, tels que Mascara, Tiaret, Aumale et Batna. Là, se concentrait l'action du gouvernement. Là, l'initiative privée devait trouver, tout à la fois, liberté et protection. En franchissant ce périmètre, l'Européen se privait du secours de l'Etat; il s'exposait aux conséquences d'une levée de boucliers de la part des Arabes.

La colonisation ainsi limitée, gênée, fut très lente. En 1869, l'Administration civile ne s'exerçait que sur 1,234,371 hectares et 478,342 habitants. Toutefois, dans cette dernière année, l'on créa, sur divers points salubres et pourvus d'eau, 11 villages ou hameaux en leur affectant 15,382 hectares sur les 207,314 hectares de terres arables dont disposait le Domaine.

Pourtant, on allait voir se lever le jour de l'expansion colonisatrice, et se réaliser progressivement l'une des prévisions du maréchal Bugeaud. « La colonisa- » tion ne s'arrêtera pas plus que la conquête; avec le » temps, elle envahira tout, a dit cet illustre soldat. » On ne pouvait plus se borner à marquer le pas, à tourner dans le même cercle: le progrès, cette loi du monde, triomphait des résistances. L'heure était venue de donner satisfaction à de légitimes impatiences, ménager un refuge aux malheureux Alsaciens-Lorrains dont le sol natal était devenu la proie de l'avide tudesque, comme aussi tirer parti des terrains conquis sur l'une des plus formidables insurrections. Il fallait également reconnaître le dévouement des indigènes restés fidèles au drapeau de la France au milieu de circonstances difficiles. Ces derniers ont paru suffisamment initiés à la civilisation moderne, pour être appelés à bénéficier du droit commun. « Ce dont » l'Algérie a besoin, a dit M. Ferdinand Barrot, c'est » de mouvement et d'affaires ; c'est de liberté et d'es- » pace. »

Grâce à ces divers stimulants, *le territoire civil* s'est successivement agrandi. Au mois de novembre 1875, il comprenait 4,159,955 hectares et 1,047,092 habitants de toute origine, répartis entre 165 communes, 80 annexes et 340 douars-communes. Ce territoire constitue 3 préfectures, 15 arrondissements et 20 districts. La justice y est rendue par une Cour d'appel, 11 tribunaux de 1re instance, 3 tribunaux de commerce et 69 justices-de-paix, avec des audiences foraines dans 21 localités.

L'institution des justices-de-paix en pays arabe est une excellente mesure ; elle favorise le rapprochement d'abord, puis la fusion peut-être, des éléments divers de la population algérienne. La préférence des indigènes pour la justice française, leur empressement à déserter le prétoire du cadi pour le tribunal de conciliation, en est une bonne preuve. « La justice est le » meilleur instrument de civilisation, a dit le rapport » sur le budget de 1874. »

L'influence des justices-de-paix sera utilement secondée par des écoles bien dirigées ; leur action simultanée favorisera l'expansion des idées européennes au milieu des Musulmans ; « elle fera cesser, comme l'a » dit M. Hinglais, des rancunes trop longtemps en- » tretenues. »

Mais poursuivons notre Exposé.

Par suite de l'extension ainsi donnée au domaine civil, l'action de la juridiction militaire ne porte plus que sur 1,412,462 habitants, et 26,697,598 hectares formant 3 divisions, 10 subdivisions et 25 cercles.

Les deux territoires sont desservis par 180 bureaux de poste et 101 stations télégraphiques, y compris les 10 stations en Tunisie; de plus, ils possèdent des établissements d'instruction publique dont quelques-uns sont spécialement consacrés aux indigènes. L'instruction supérieure, l'instruction secondaire et l'instruction primaire sont représentées par une école préparatoire de médecine et de pharmacie; un lycée, 8 collèges communaux; 2 écoles normales primaires; 666 écoles françaises; 10 écoles arabes-françaises et 3 médersas instituées pour faire contre-poids aux zaouïas, foyers de fanatisme dirigés par des marabouts.

« En Algérie, dit M. Levasseur dans un remarquable rapport, les questions d'enseignement ont une importance capitale. Les colons eux-mêmes comprennent que l'instruction est une arme puissante dans les luttes de la vie; ils veulent en pourvoir leurs enfants, et les municipalités ne reculent devant aucun sacrifice pour multiplier les foyers d'instruction. »

Les religions ont des sanctuaires où juifs, chrétiens, et musulmans, dans leur ordre d'ancienneté, célèbrent la puissance de l'Eternel, rendent hommage à l'organisateur, au créateur des mondes. « Ce sont des vases de formes diverses, dit M. Wallon, qui tous contiennent la même liqueur, *l'idée de Dieu*. »

Les Beaux-Arts ont aussi des temples et des lévites, les Musées, les Théâtres, les Sociétés savantes et les Sociétés d'agriculture.

Toutes les branches de l'Administration ont également des délégations en Algérie. Mines, Ponts-et-chaussées, Forêts, Trésor ; sous cette dernière dénomination, nous entendons la Trésorerie proprement dite, l'Enregistrement, le Domaine, le Timbre, les Contributions diverses, service exclusivement colonial, tenant tout à la fois des Contributions directes et des Contributions indirectes de la métropole ; la Douane chargée aussi du recouvrement de l'octroi de mer.

Les impôts sont en petit nombre. L'Algérie, assimilée à plus d'un point de vue à l'étranger, et traitée dès lors comme pays d'exportation, est affranchie des taxes de consommation afférentes aux tabacs, boissons, sel, cartes à jouer, savon, papier et carton, allumettes chimiques, chicorée moulue, bougies, cierges et similaires, et huiles minérales. Elle est encore exonérée des autres impôts directs ou indirects, en dehors des patentes, des licences, de droits de douane bien mitigés et de droits d'octroi dont nous parlerons plus loin.

Il est toujours question d'établir l'impôt foncier ; mais, pour le moment, les contributions se bornent à une taxe sur les loyers acquise aux communes ; à une taxe foncière perçue au nom de la ville d'Alger, et aux impôts indigènes au nombre de quatre : *le Hokor* (loyer des terres azel et arch) ; *l'Achour* (impôt de culture) ; *la Zekkat* (impôt sur le bétail) ; *la Lezma* (impôt de capitation). Ces quatre dernières contributions, dont le rendement annuel, de 1854 à 1873, a varié entre 9,939,872 francs et 14,759,336 francs, feront place à une taxe unique, basée sur le revenu présumé de la terre, le jour où la propriété indigène sera constituée.

Il nous a paru nécessaire, avant d'aborder l'objet principal de cette Etude, de tracer à grands traits la situation vraie, exacte de l'Algérie. Ainsi fixée sur les ressources, les aptitudes du pays ; ainsi affranchie de toute incertitude sur son avenir, l'attention est plus libre ; elle peut se porter tout entière sur les trois grandes divisions AGRICULTURE, INDUSTRIE et COMMERCE dont nous allons successivement nous occuper.

II

AGRICULTURE

I

« Aux temps des Berbères, l'Afrique septentrionale » était verdoyante et ombreuse, sous l'active indus- » trie d'une population compacte. Alors aussi, les » cataractes des cieux s'ouvraient pour elle généreu- » sement et avec régularité.

» Mais, depuis qu'un simoun vivant, les hordes » fanatiques de l'Arabie, ont fait irruption sur cette » riche contrée, tombant sous le fer et sous le feu, » cités, hameaux, fermes et même les arbres, cette » nature outragée a perdu sa splendeur, sa fraîcheur.. » Partout où l'Arabe a planté sa tente, le vide s'est

» fait; le sol, dépouillé, s'est raviné, dénudé ou bien » embroussaillé pour se peupler de *fauves;* les cours » d'eau se sont dessechés; l'eau du ciel, non absorbée, » non retenue sur les hauteurs, s'est accumulée dans » les bas-fonds, y transformant le sol en marécages » qui ont engendré le sombre génie paludéen.

» Telle était la misérable situation de l'Algérie » quand Dieu appela sur elle le génie de la France » pour mettre un terme à sa détérioration physique. »

Ainsi s'exprime le docteur Agnély sur le passé de la Colonie et sur la pernicieuse influence des descendants d'Ismaël. M. Warnier a tenu un langage identique comme député. Dans son savant et substantiel rapport sur la propriété en Algérie, se trouve ce passage: « Quand, il y a douze siècles, le nord de l'Afrique fut » conquis par les Arabes sur les Berbères, les envahis- » seurs donnèrent à la péninsule atlantique, dont » l'Algérie moderne occupe le centre, le nom signifi- » catif de *El Khadra* (la verdoyante). Cette terre, qui » avait été le grenier de Rome, présentait l'aspect » d'un immense jardin, divisé à l'infini, couvert d'ar- » bres fruitiers, arrosé par des eaux abondantes qui en » entretenaient la luxuriante verdure.... »

L'Algérie doit un jour présenter de nouveau ce réjouissant aspect dont l'histoire nous a transmis le souvenir et dont nous heurtons à chaque pas les témoignages irrécusables. S'il ne nous est pas donné de le voir, du moins nous pouvons déjà en juger par les revendications réalisées sur la barbarie et par les conquêtes pacifiques des bonnes méthodes de culture en territoire indigène.

« Chez les Arabes, continue l'honorable M. Warnier, » des friches improductives, des broussailles rabou- » gries, de vastes espaces livrés aux troupeaux, quel-

» ques rares champs d'orge, de blé, occupant à peine » la dixième partie du sol cultivable, ont remplacé » ces récoltes célèbres sur lesquelles les Césars » comptaient pour nourrir les sujets de Rome. »

L'Arabe a donc été un véritable fléau pour l'Algérie ; il a poursuivi l'œuvre de dévastation des Vandales. Elément destructeur à l'égal du feu, il a fait le désert et le silence où prospéraient, avant son apparition, villes, forêts et cultures. L'histoire est également affirmative sur ce point. « Dans les sites montagneux, » très escarpés, dit encore M. Agnély, où le Berbère » a pu abriter son indépendance et défendre la nature » contre ces dévorants envahisseurs, l'on retrouve les » spécimens de la splendeur végétale du sol africain. »

La France, fidèle à sa mission au milieu des sociétés humaines, est venue planter son drapeau sur ce sol d'Afrique, sans trop se préoccuper *du mare sœvum* redouté des Romains et dont sa flotte a eu aussi à éprouver les colères. Elle a puni le sanglant outrage fait à son représentant ; elle aurait cessé d'être elle-même si elle n'en avait pas assuré la réparation. Elle a mis un terme aux rapines des pirates barbaresques dont l'audace ne connaissait plus de bornes. En agissant ainsi, elle a bien mérité de l'humanité tout entière.

Toutefois, la tâche, ainsi limitée, eût été incomplète ; il fallait encore rendre fécondité et prospérité à l'Algérie qui devait de nouveau, suivant Saint-Bernard, *lucere et ardere perfectum.* L'armée *de la gesta dei per francos* prit alors pour devise *Ense et aratro*. Elle poursuivait cette magistrature dont la France est investie dans l'univers, dit M. de Maistre.

L'œuvre à accomplir était immense. Il fallait tout reconstituer, même les routes, ces grandes artères de la vie d'une nation, qui, en Algérie, devront lontemps, pour ne pas dire toujours, suppléer aux voies fluviales. L'activité des premiers immigrants fut tout d'abord concentrée dans ce travail de reconstruction. L'agriculture devait être la conséquence du temps et du progrès. Mais avant d'exposer la situation actuelle de la Colonie, nous croyons nécessaire d'indiquer à grands traits, les différentes phases de la conquête et de l'occupation. Il sera de la sorte plus facile de juger du chemin parcouru depuis 1830.

Nous utiliserons, à cet effet, comme pour d'autres questions dont nous aurons à nous occuper dans le cours de cette Etude, une série d'articles que nous avons fait paraître dans le temps.

2

Les victoires de Sidi-Ferruch et de Staouéli nous avaient rendus maîtres de la campagne, et nos batteries, établies sur l'un des mamelons du Bouzaréah, avaient réduit au silence le fort l'Empereur. Alger n'avait plus de résistance à nous opposer, et tout retard à nous ouvrir ses portes l'exposait à un bombardement, car l'armée française devait occuper cette ville ou la réduire en cendres pour obtenir une satisfaction complète du coup d'éventail donné à la Casbah.

Hussein Dey, bien convaincu de son impuissance, signa la convention du 5 juillet 1830, et il s'embarqua, mais non sans esprit de retour. Lorsque l'Espagne a dû, en mai 1520, abandonner le Peignon, qui commandait l'entrée du port d'Alger; lorsque Charles-Quint a eu sa flotte détruite, par la tempête à la vérité, et ses armes humiliées sur les rivages de l'Algérie; lorsque Louis XIV et l'Angleterre, pour venger les insultes faites aux fleurs de lys et au léopard, ont limité la réparation à des bombardements dont la ville n'a jamais eu, du reste, beaucoup à souffrir, était-il possible à des pirates qui, pendant trois siècles, avaient pu impunément exercer leurs rapines sur mer, et parfois sur les côtes d'Europe, d'admettre qu'ils étaient pour toujours dépossédés d'El-Djézaïr?

Hussein avait conservé des intelligences dans le pays. Dès les premiers jours de notre occupation, les tribus se soulevèrent sous les excitations des Beys de Constantine, de Tittery et de Médéah. Le Maroc entra lui-même en campagne. La lutte ne fut-elle pas ainsi engagée entre la civilisation et la barbarie?

Mais la victoire resta fidèle au drapeau de la France, ici, comme partout, ce symbole du progrès; nous nous emparâmes de Mers-el-Kébir, pour la seconde fois, d'Oran, de Blidah et de Médéah. Deux nouvelles coalitions contre notre autorité furent vaincues en 1831, au gué de l'Arrach et à la Ferme-modèle; en 1832 au pied de l'Atlas. Les capitaines d'Armandy et Yousouf, à la tête d'une trentaine de marins, se jetèrent dans la Casbah de Bône et y arborèrent les trois couleurs qui n'ont cessé d'y flotter.

Nous commandions sur le littoral, et le christianisme, après un exil de douze siècles, reparaissait honoré sur la terre de Saint-Augustin. Toutefois, le périmètre de notre autorité était bien restreint; si, à Alger, il embrassait toute la banlieue (El Fahs), s'il s'étendait de l'Arrach au Mazafran, à Oran il n'allait pas au-delà d'une lieue, et à Bône quelques portées de canon en marquaient la limite.

Cependant les premières assises de la colonisation étaient posées; l'élément civil se recrutait avec rapidité, et les nouveaux venus attaquaient le sol.

Avant notre prise de possession, la culture se réduisait aux jardins autour des villes, et dans les campagnes à la production des céréales nécessaires tant à la consommation qu'à quelques échanges. Les engrais étaient inconnus; l'incendie des broussailles venait seul rajeunir les pâturages dans lesquels s'élevaient de grands troupeaux. Pourtant en Kabylie, la culture du sol était relativement bien entendue et productive. D'ailleurs l'insalubrité de la Mitidja ne permettait pas à l'agriculture d'y prendre du développement. Cependant, et afin de tenter sur une certaine échelle la culture des produits coloniaux et des produits français, 1,000 hectares furent concédés sur les deux rives de l'Arrach, à partir de son embouchure, à une Compagnie constituée sous la raison sociale de « Ferme expérimentale d'Afrique. »

En 1833, nous avons ajouté à nos possessions, Arzew, tombée peu avant au pouvoir des partisans d'Abd-el-Kader; Mostaganem, menacée par l'Emir, ainsi que Bougie dont les habitants, en 1831, avaient égorgé l'équipage d'un brick de l'Etat.

Autour d'Alger, la campagne était sûre. Les colons pouvaient se livrer à leurs travaux au-delà de l'Arrach et sur le Hamitz. L'organisation d'un centre militaire au haouch Chaouch secondait la fondation de Boufarik. La plaine de la Mitidja, en grande partie, reconnaissait notre domination. Un arrêté du 2 avril 1834, du lieutenant-général Genty de Bussy réglait les concessions des immeubles ruraux.

Cependant, en 1835, le fanatisme musulman se réveillait; de Médéah à Tlemcen, Abd-el-Kader était reconnu comme prince des fidèles et protecteur de la religion. Blidah admettait son hakem et sa puissance s'affermissait dans le beylick de Tittery; toutefois, la

Kabylie s'abstenait de prendre part à cette levée de boucliers.

La lutte devait durer deux ans. Après des défaites successives, la destruction de son matériel de guerre à Mascara et des pertes sensibles éprouvées au combat de Sikack, Abd-el-Kader entra en pourparlers avec le général Bugeaud, et il signa, le 30 mai 1837, le traité de la Tafna.

Dans cette période, la tranquillité, qui n'avait pas cessé de régner du côté de Bône, était rétablie dans la Mitidja. Le chef d'escadron Yousouf, élevé à la dignité de bey français à Constantine, se portait sur La Calle et l'occupait non-seulement sans résistance, mais encore avec l'assentiment des tribus du voisinage. Constantine, investie une première fois par nos troupes en 1836, tombait en notre pouvoir le 13 octobre de l'année suivante; seulement ce succès avait coûté la vie au général Damrémont.

Deux arrêtés des 22 avril et 23 mai 1835 ont délimité plusieurs communes des environs d'Alger; et en septembre 1836, les terrains des haouchs Chaouch et Bouyagueb, protégés par un fort, ont été livrés à la culture. La population civile européenne qui, en 1830, ne dépassait pas le chiffre de 602 âmes, en comptait 11,221 en 1835 et 16,770 en 1837.

On consacrait déjà à la culture du blé 2,345 hectares; à celle de l'orge 2,333 hectares; 385 hectares étaient affectés à la vigne, et les prairies en occupaient 2,074. De plus, nous possédions 583,325 oliviers dont 64,462 seulement étaient greffés; 21,304 amandiers; 86,225 mûriers; 132,836 arbres à noyaux et 74,570 arbres à pépins.

Pour asseoir les camps et ouvrir les routes stratégiques, l'on fut amené à assurer un écoulement aux eaux stagnantes de la Maison-Carrée, de l'Arrach et de l'Oued-Kerma; plus tard, de la Ferme-modèle et de Boufarik.

L'armée a ainsi préparé 610 hectares de terre fertile à recevoir la charrue. Dans ces localités, la culture n'a cessé d'étendre son domaine qui, en 1838, avait une superficie de 3,700 hectares dont 2,000 couverts de céréales.

La tranquillité régnait partout. L'autorité de la France était reconnue dans toute la province de l'Est. L'esprit d'ordre et de paix s'y substituait aux habitudes de rapine et d'anarchie, La Calle, dont le port était déjà fréquenté par de nombreux corailleurs, voyait compléter son occupation. Philippeville se fondait sur le sol de *Rusicada*. Les ruines de l'antique cité servaient aux assises de la nouvelle ville qu'a protégé d'abord le camp d'El-Arrouch.

On fortifiait la place de Guelma ; Djidjelli était occupée, et les indigènes semblaient s'associer aux espérances de l'avenir.

L'on continuait les travaux de route et d'assainissement ; l'on établissait des postes au pied de l'Atlas.

La colonisation dont les débuts remontent à 1832, époque de la fondation des villages de Kouba et de Dely-Ibrahim, se développe dans le massif d'Alger et dans la plaine de la Mitidja ; ses efforts étaient secondés par l'autorité ; l'on déterminait les emplacements de nouveaux villages et l'on traçait des enceintes défensives.

Cependant les maladies sévissaient au mois d'août sur l'armée et sur les colons, plus particulièrement à Médéah et à Milianah.

Mais Abd-el-Kader, qui ne s'était soumis qu'avec l'arrière-pensée certainement de violer ses engagements à l'occasion, poussa les tribus à la révolte ; plusieurs parmi elles prêtèrent l'oreille à son appel. Les intrigues de l'Emir se ramifièrent jusqu'aux environs d'Alger. Les hostilités ne pouvaient tarder d'éclater. En effet, les Hadjoutes y préludaient par des actes de brigandage. Bientôt eurent lieu les combats de la

Chiffa et d'Oued-el-Aleug. La guerre était ainsi déclarée.

Mais cette tentative d'indépendance devait être fatale à son auteur. Elle profita à la France, dont le drapeau ne tarda pas à commander même au-delà des confins du désert.

Des renforts considérables mirent notre armée en état de reprendre l'offensive, de repousser partout l'agression de l'Emir. Le 2 février 1840, Mazagran était pour la seconde fois attaquée avec acharnement. Tout le monde connaît la belle défense des 123.

Le 16 mars, l'on occupait l'ancienne *Julia Cœsarea*, Cherchell, convaincue d'actes récents de piraterie. Le 27 avril, les contingents d'Abd-el-Kader étaient culbutés des hauteurs d'El-Affroun dans la vallée du Bou-Roumi, et le 12 mai, le col de Mouzaïa était franchi malgré une résistance formidable et désespérée.

La situation de la province de Constantine était satisfaisante; cette ville, entourée de tribus soumises qui se livraient aux travaux agricoles, voyait célébrer dans son enceinte la petite fête d'Aïn-Esghir.

La tranquillité était rétablie dans la province d'Alger. Boufarik où eut lieu, le 19 mai, un échange de prisonniers, s'assénissait et se peuplait. Un arrêté du maréchal Vallée fondait à Blidah une colonie de 300 familles, dont chaque chef devait recevoir, en ville, une maison ou un emplacement pour construire, plus un jardin et des terres jusqu'à concurrence de 10 hectares.

Le territoire de Mostaganem devait prochainement être livré à la culture qui, à Bône, allait du reste prendre une nouvelle extension et ouvrir un vaste champ à l'agriculture par suite du desséchement des plaines des Karèsas, du Bou-Hamra, de Dréan ou du lac Fezarah. On entreprit aussi d'assainir les environs de Philippeville.

La colonisation, ce premier élément de conservation du pays, rendue à la sécurité, allait ainsi féconder les travaux de la guerre. La population européenne, abstraction faite de l'armée, prenait chaque jour de plus grandes proportions : elle avait plus que doublé depuis 1837. En 1841 elle se composait de 35,727 habitants.

Notre domination continuait à s'étendre. Les tribus des deux rives du Chélif faisaient leur soumission. Le général Négrier, appelé par les Némenchas et les Ouled Jahia, occupait, le 31 mai 1842, Tebessa, ancienne colonie romaine, et en prenait possession au nom de la France. Une colonne s'emparait de Sebdou. Tlemcen sortait de ses ruines. L'Ouest était soumis de l'Habra au Maroc. La paix existait ainsi à peu près partout.

Afin d'encourager les projets de colonisation et de favoriser le peuplement, on constituait les trois zônes qui, d'Alger, base solide et consistante, devaient s'avancer vers l'intérieur. La première, dite du Fash ou de la banlieue, devait avoir pour limite Hussein-Dey, Kouba, Drariah, El-Achour, Dely-Ibrahim et Chéragas. La deuxième, dite de Staouéli, devait comprendre les territoires de Birkadem, Saoula, Sidi-Sliman, Baba-Hassen, Ouled-Fayet, Staouéli et Sidi-Ferruch. Enfin la troisième, dite de Douéra, devait avoir pour ceinture de défense Ouled-Mendil, Douéra, Mahelma, El-Hadjer et Boukandoura. Mais tous ces centres n'étaient pas encore fondés. On en constitua plusieurs en 1842 ; nous citons El-Achour, Chéragas et Birkadem. Les autres créations devaient avoir lieu l'année suivante. Toutefois, en 1842, on établissait à Fouka, pour couvrir les devants de Koléah, une colonie militaire de 80 feux avec 600 hectares de terrain.

En 1843, nos armes avaient raison des tribus de l'Edough, et les tribus des environs de Collo étaient également forcées à l'obéissance. Il advint de même de l'Ouarensenis, à la suite d'une grande expédition conduite, en juin, avec résolution et ensemble.

Partout la colonisation obtenait sécurité et protection. On lui imprimait une grande impulsion ; 1,370,000 fr. étaient affectés à son développement ; 22 villages étaient occupés par les Européens au nombre déjà de 65,000. Les indigènes fréquentaient nos marchés. Staouéli était fondé, et sur son territoire la congrégation des trappistes obtenait une concession de plus de 1,000 hectares en terre et en broussailles.

Cependant la province de Constantine, dont le territoire voisin du littoral présentait un état complet de tranquillité, subissait encore au Sud l'autorité du Kalifa d'Abd-el-Kader. Cette situation ne devait pas se prolonger. Une colonne, dont Bàtna était la base, s'emparait de Biskra le 4 mars 1844, et l'anarchie cessait dans le Kaïdat des Hanencha. Les tribus voisines du Sahel, les Beni-Moussa, les Khechna et les Issers acquittaient l'impôt, et une expédition préparée contre la Kabylie, amenait la soumission d'une partie du Djurjura, tandis que le général Marey occupait El-Agouath.

Dans l'Ouest, les justes griefs de la France contre le Maroc, pour les incursions de ses contingents en Algérie et le refuge accordé à Abd-el-Kader, recevaient satisfaction par le bombardement de Tanger et de Mogador, comme aussi par la victoire d'Isly.

Le calme, ainsi partout rétabli, favorisait de plus en plus les progrès de la colonisation. On continuait au Fort-de-l'eau, à Sidi-Aïssa, sur la Rassauta et à Boufarik les desséchements de la Mitidja qui, commencés en 1833, on l'a vu plus haut, avaient été repris en 1842. On travaillait également à assainir des terrains circonvoisins de Bône et de Philippeville, et l'on créait des villages dans les trois provinces. Nous citerons, dans l'Est, El-Arrouch, Vallée et Saint-Antoine ; au Centre, Mahelma, Zéralda et le Fondouk ; à l'Ouest, la Sénia et Misserghin.

L'insurrection fomentée par l'Emir était enfin comprimée. Le 15 octobre 1846, le poste d'Aumale était installé ; mais peu de jours après, une inondation causa des dommages assez considérables dans la partie basse de la Mitidja.

L'élément européen qui, en 1845, comptait 95,321 âmes, en possédait 109,400 l'année suivante. On constitua sur la presqu'île de Sidi-Ferruch un village de pêcheurs. L'on fonda également d'autres centres de population, et dans le nombre, Duzerville sur les bords de la Méboudja ; Souma avec un territoire de 900 hectares ; la Chiffa sur la route de Blidah à Médéah ; Mouzaïa à 12 kilomètres de la première de ces villes ; Saint-Leu, Joinville et Sainte-Léonie dans la province de l'Ouest.

Des concessions de terrain avaient lieu dans la vallée du Saf-Saf, sur les versants de l'Edough, dans la plaine de la Mitidja et à Agbeil dans la province d'Oran.

Notre domination s'affermissait et s'étendait ; mais il était réservé à 1847 de la voir à peu près se compléter. Les Kabyles de Bougie et de Sétif, autrefois capitale des Mauritanies, firent leur soumission. Si Ahmed ben Taïeb ben Salem, ancien Kalifa d'Abd-el-Kader, dont l'influence s'exerçait dans les massifs du Djurdjura, reconnut notre autorité. Bou-Maza (l'homme à la chèvre), tant de fois vaincu et mis en fuite, s'en remettait aussi à la générosité de la France, après le combat très vif de Sidi-Kaleb ; et Abd-el-Kader lui-même, défait par les Marocains, poursuivi par les Kabyles des montagnes d'Ouchda, se présentait, le 21 décembre au poste français placé au col de Kerbous et se faisait conduire à Djemma-Ghazaouat (Nemours) où il faisait en ces termes sa soumission : « J'aurais voulu » faire plus tôt ce que je fais aujourd'hui ; j'ai » attendu l'heure marquée par Dieu. »

Tout ferment d'agitation avait ainsi disparu, et si quelques manifestations hostiles se produisirent à la suite de la révolution de février, nos armes ne tardèrent pas à les comprimer et à obliger, en mars, le Chérif Mouley Mohamed à solliciter l'aman.

Le temple de la guerre était fermé. Il restait certainement des résistances à vaincre et des territoires à occuper ; ainsi le Ziban et une partie de la Kabylie, où notre autorité n'était pas même nominale ; mais ce double résultat à atteindre devait être l'œuvre de colonnes volantes.

Revenons à notre Exposé, on le voit, des plus sommaires.

Afin d'imprimer un essor soutenu à la colonisation, on songea à utiliser en Algérie l'activité de travailleurs que la stagnation des affaires laissait inoccupés. Dans ce but, un décret du 19 septembre 1848 ouvrit au Pouvoir exécutif un crédit de 50 millions pour l'établissement de colonies agricoles. Il en fut fondé 42, peuplées de 13,500 immigrants ; chacun d'eux reçut de 2 à 10 hectares de terrain, des semences, des instruments de culture et un cheptel en bestiaux, plus des rations jusqu'au jour où les terres devaient être en rapport.

Les résultats de cette mesure ont-ils été à la hauteur du sacrifice que s'imposait ainsi la France ? Il serait permis de répondre, non ; mais n'oublions pas que la constitution *des colonies agricoles* a eu pour première conséquence d'enlever au parti du désordre une large somme de ses moyens d'action.

On créa, à la même époque, Valmy, Fleurus, Affreville, Saint-Augustin, Jemmapes, et la Nouvelle Lambèse qui, au bout de quelques mois, devait s'appeler Batna. Parmi les villages fondés également l'année précédente, nous trouvons Saint-Charles, au confluent de l'Oued Zerga et de l'Oued Saf-Saf ; Bugeaud, sur la montagne de l'Edoug ; Condé, non loin du poste de Smendou, et Gastonville, au lieu dit Bir-Ali ; Penthièvre et Robertville, Christine, San-Fernando et Isabelle dans la province d'Oran. De grandes concessions étaient accordées, sur la rive gauche du Saf-Saf, à MM. Lestiboudois et Brachelet. Déjà, en 1847, 7,840 hectares de terrain avaient été mis à la disposition de M. Veyret, au cap Canastel près Arzew.

Les Ahmian-Chéragas et les Rézaïna, poussés par Sidi-Cheik ben Taïeb, levèrent l'étendard de la révolte ; ils furent contraints de chercher un asile dans le Maroc, et d'autres tribus forcées de rentrer dans le devoir.

La capitale du Ziban, Zaatcha, attaquée sans succès le 16 juillet 1849, fut emportée l'automne suivant, après 51 jours de tranchées. Ses défenseurs, y compris le chérif Bouzian et le marabout Si-Moussa, s'ensevelirent sous ses ruines.

En 1850, nos armes eurent raison de la résistance des Aurès et de l'agitation qui se manifestait, soit dans le Djurdjura, soit du côté du Maroc.

Les relations commerciales se multipliaient dans chaque province. Sous ce régime de sécurité, la colonisation comptait 125,963 Européens. Les Arabes commençaient à comprendre que la paix seule pouvait leur fournir les moyens de réparer les désastres causés, en 1849 et en 1850, par une sécheresse extrême et le choléra.

Nous parlons souvent des dessèchements ; c'est une question, en effet, intéressante au double point de vue de la santé publique et de la colonisation. Chaque hectare conquis sur les marais ne diminue-t-il pas les causes d'insalubrité, et ne favorise-t-il pas l'agriculture en agrandissant son domaine ? Aussi continuerons-nous à en signaler les progrès.

Le dessèchement des marais des Sept-palmiers, des Béni-Khélil, de Chabat, de Birtouta, et de l'Oued Tlétat a occasionné, avec la rectification de l'Oued-Smar, une dépense de 900,000 fr. Mais, comme compensation, il a permis de disposer pour la culture de 2,700 hectares. Avec le dessèchement du bassin de la Chiffa, l'assainissement de la Mitidja fut complet.

Dans l'Ouest, on dessécha aussi les marais d'Aïn-Beïda et de Sidi-bel-Abbès. Dans l'Est, des travaux d'assainissement s'exécutèrent aux Karésas et à Fedzara. Il en fut entrepris au Hamma de Constantine.

Les tribus, même sur la frontière du Maroc, furent

exclusivement occupées aux travaux agricoles. Il faut excepter toutefois la Kabylie, où le Chérif Moula Ibrahim et Bou Bargla (l'homme à la mule) se placèrent à la tête d'insurgés. Mais peu de jours suffirent pour les mettre en déroute, et le 8 juillet 1851, Kalaa, village réputé inexpugnable des Beni-Abbès, fut visité par des officiers français.

De nouvelles créations de centres de population eurent lieu ; ainsi prirent naissance Négrier, à 6 kilomètres de Tlemcen ; Saint-André et Saint-Hippolyte, aux portes de Mascara ; Mansoura ; l'Alelik, à quelques kilomètres de Bône ; l'Arba, le Fort-de-l'eau et Chéragas dans les environs d'Alger.

Des orphelinats furent fondés à Misserghin, par l'abbé Abram, et à l'ancien camp d'Erlon par l'abbé Brunaut. Un an plus tard, l'abbé Plasson constitua, à son tour, sur une concession de 500 hectares à Medja Amar, dans la province de Constantine, un établissement pour l'éducation des orphelins.

Cependant l'est du Djurdjura se souleva à l'appel de Bou-Bargla, accepté comme *le moula saâ* qui devait expulser les Français de la Colonie. La défaite du 25 janvier effaça son prestige, et loin d'écouter sa voix, Si El Djoudi, ainsi que les chefs des Beni Sebka et de la confédération des Zouaoua, se rendirent à Alger.

Vainement le Chérif de Ouargla tenta, de son côté, de soulever le Ziban, le Djebel-Amour et de s'emparer d'El Agouath, que l'armée française occupa le 4 octobre 1852, et dont la prise a coûté la vie au général Bouscaren.

Les Beni M'zab implorèrent alors le pardon et Ouargla ouvrit ses portes à nos colonnes. Les Babors firent leur soumission ; ils livrèrent de nombreux ôtages, après une série de défaites et après avoir perdu les importantes positions de Tezzi-Sekka et d'Aïn-Telloul. Le haut et le bas Sébaou sollicitèrent aussi l'aman, sans en excepter la grande tribu des Beni Raten, dont la soumission ne fut toutefois complète qu'en 1857.

De son côté, Tuggurth qui avait donné asile à Ben Abd-Allad fut occupée après la défaite de son cheik près de Meggarin le 29 décembre 1854.

Durant cette période, l'œuvre de la colonisation se poursuivit. Rouïba, Aïn-Taya et la Réghaïa furent créés. La population européenne s'éleva, en deux ans, de 1854 à 1855, de 142.359 habitants à 163,959. La superficie des marais desséchés était de 9,155 hectares. La culture s'étendait et se perfectionnait. Le bétail augmentait et devenait l'objet de soins mieux entendus. Beaucoup de fermes étaient exploitées avec intelligence. L'honneur de ces résultats revenait à la fois à la persistance des colons et à la sollicitude de l'Administration.

Malgré les pensées d'indépendance, que pouvaient faire naître et favoriser les évènements d'Orient, le pays a joui, en 1855, d'un calme parfait, sauf les quelques tentatives partielles de révolte auxquelles nous ne saurions nous arrêter sans trop donner d'étendue à cet aperçu. C'est la meilleure preuve de l'état de notre domination.

Pourtant des désordres éclatèrent, en janvier 1856, dans les environs de Tizi-Ouzou, et en mai dans les Babors. Mais quelques jours suffirent à nos troupes pour les réprimer, comme aussi pour châtier, en juillet, les Nemenchas, convaincus de déprédations et, plus tard, les Kabyles du Djurdjura poussés à la défection par le marabout El Hadj Amar.

Toutefois ces quelques opérations militaires n'entravèrent pas l'extension des cultures et des travaux d'assainissement. De grandes étendues de terrains furent concédées, notamment à M. le comte Etienne Baguoud pour la fondation d'un orphelinat dans le cercle de Guelma ; à M. Démouchy à Tipaza ; à MM. Philippe et Ponson à l'Oued Corso.

Chebli, Staouëli, Rivet et l'Alma furent créés dans la province d'Alger ; Aïn-Kial et Lourmel, dans celle d'Oran, et Bizot, à 16 kilomètres de Constantine. 761,470 hectares étaient consacrés aux céréales, 2,306 à la vigne.

Des travaux de desséchement furent effectués dans les marais d'Aïn-Tédelès et de Souk-el-Mitou ; dans la plaine du Tlélat et dans le ravin d'Aïn-Toudmou. Dans la province d'Alger, on éleva des barrages dans les gorges de l'Oued Djemma et de l'Arrach.

Du côte de l'Est, des desséchements furent aussi exécutés dans les marais du Hamma, de Bou-Merzoug, d'Héliopolis et de Batna ; dans les plaines du Zéramna, de Jemmapes, des Ouled-Khiar, de la M'Sida, du Mélah et dans les environs de Bougie.

Le 26 mai 1857, après deux jours de combat, la puissante tribu des Beni Raten qui, se croyant à l'abri de toute atteinte derrière ses montagnes abruptes, n'avait jamais bien cessé de nous braver, accepta enfin la domination de la France, et le 16 juin vit poser la première pierre de Fort-National.

La Colonie était complètement tranquille ; elle était prospère, et on y jouissait partout de la plus grande sécurité. Les voyageurs isolés pouvaient, sans danger, s'engager dans les montagnes, si ce n'était dans les Aurès où se manifestaient quelques ferments de désordres. Ils pouvaient circuler, sans crainte, d'Aumale à Bouçâada et de Médéah à El Agouath. Aussi l'heure parut-elle venue d'améliorer les institutions et d'élargir le domaine de l'autorité civile. Le Ministère de l'Algérie et des Colonies fut constitué ; de nouvelles Sous-Préfectures furent établies ; des commissaires civils installés sur plusieurs points extrêmes de la Colonie.

Toutefois cet heureux état de chose fut troublé en 1859, sur la frontière de l'Ouest par des incursions des Beni Snassen. Le Hodna se révolta de son côté ; mais leurs contingents furent mis en déroute et Mohamed ben Abd-Allah, vaincu à El Agouath en 1852, à Mégarin en 1854, tomba en notre pouvoir.

La paix régnait du littoral au Sahara, de la Tunisie au Maroc. Les indigènes, éclairés par l'expérience, évitaient soigneusement de donner à la France le moindre sujet de plainte. Le village d'Attatba fut créé, le 28 août 1862, sur la route de Coléah à Marengo. On fonda aussi Bourguerat, Saïda et Mocta-Douz dans la province d'Oran ; Saint-Arnaud et Lambèse dans celle de Constantine.

Les concessions, faites depuis l'occupation, étaient au nombre de 27,032 ; elles représentaient une superficie de 425,392 hectares dans les deux territoires civil et militaire.

L'autorité coloniale pensant, à juste raison, avec le duc d'Isly, qu'il importait, pour assurer de nouveaux espaces à la colonisation européenne, de resserrer les Arabes sur le sol qu'ils possédaient, lorsque celui-ci serait disproportionné avec le nombre des occupants, avait mis à l'étude la question du cantonnement. Malheureusement, ce projet fut abandonné en 1863 pour faire place au Sénatus-consulte des 13-22 avril, dont les déplorables effets ont été arrêtés par la révolution du 4 septembre 1870.

Mais n'anticipons pas. Les faits s'inscriront à l'heure opportune. Quelques tribus sahariennes de la province d'Oran se mirent en révolte. Les Flittas et des fractions de la Kabylie orientale suivirent leur exemple. Si-Seliman-ben-Hamza bach-agha appela les Arabes à la guerre sainte et marcha sur Géryville. Le 8 avril 1864, il attaqua et détruisit entièrement le camp d'Aounet-bou-Becker, commandé par le colonel Beauprêtre, qui comme tout le détachement du reste, vendit chèrement sa vie. Des dispositions furent prises, sans délai, pour venger la mort de ces braves. Les insurgés furent successivement battus à Saïn-Legta et à Chaab-el-Ameur.

Le maréchal Pélissier mourut le 22 mai. Le même jour, les Flittas, marchant à la voix de Si-Lazeregbel-Hadj, s'emparèrent du caravansérail de Rahouïa : deux événements qui mirent la Colonie en deuil.

Mais enfin nos armes triomphèrent de toutes les résistances, et les insurgés furent refoulés dans le désert.

Au milieu de ces complications, du reste, toutes locales, la colonisation ne resta pas stationnaire. Les Européens, au nombre de 192,746 dont 112,229 français en 1862, s'élevaient en 1864, à 235,570. Ils possédaient 567,277 hectares dont 188,521 étaient, dans cette même année, mis en culture ; 151,728 hectares étaient affectés aux céréales, et 6,567 à la vigne. Ce dernier chiffre, comparé aux 335 hectares de 1837, constituait un réel progrès. L'on comptait aussi 4,047,340 arbres dont 202,856 amandiers ; 1,821,097 oliviers greffés et 158,168 orangers.

L'on trouvait sur les propriétés européennes 102,423 chevaux, juments, mulets, ânes, bœufs ou vaches, 193,134 moutons ou brebis.

L'Algérie possédait 240 villes, villages ou autres agglomérations européennes, dites périmètres de colonisation.

Telles étaient les richesses réalisées depuis 1830.

Mais l'œuvre de la colonisation éprouvait un temps d'arrêt. Gênée par une fausse et déplorable politique à l'endroit des indigènes ; déçue dans ses espérances à l'égard de la Société générale algérienne ; désolée encore par les incendies, l'Algérie se recueillit, tout en se fortifiant sur le terrain acquis à la civilisation, en attendant l'heure, assez proche, où de calamiteux événements allaient lui ouvrir une nouvelle carrière. Ce travail de consolidation devait toutefois être entravé par des fléaux bien comparables à ces plaies d'Egypte dont la tradition nous a transmis le souvenir : sauterelles, commotions séismiques, famine, peste, venaient successivement soumettre la Colonie à de cruelles épreuves ; elle en sortit meurtrie, néanmoins triomphante.

En 1866, l'Algérie disposait de 203,681 chevaux ; de 157,024 mulets et de 183,754 chameaux. Ses troupeaux comptaient 1,114,061 bêtes bovines; 8,453,782 moutons ou brebis et 3,421,374 chèvres. Les cultures s'étaient considérablement étendues; les vignes seules représentaient déjà 11,430 hectares, soit, depuis 1864, une extension de 4,873 hectares.

Mais les champs furent alors envahis par ces nuées dévastatrices parties du désert, dont les ravages en 1816 et en 1845 étaient toujours présents à la mémoire. En 1867, cinq villages de la Mitidja, La Chiffa, Mouzaïaville, El-Affroun, Ameur-el-Aïn et Bou-Roumi, s'abimaient sous des secousses réitérées de tremblement de terre. De plus, une sécheresse, sans précédent depuis plus de trois siècles, anéantissait les récoltes. Aussi, les Arabes dont l'imprévoyance, fille du fanatisme, est proverbiale, succombaient, en 1868, à la famine et au typhus. Les dévouements ne leur firent pas défaut; ils furent à la hauteur du mal, hâtons-nous de le dire. Les désastres furent promptements réparés et l'on s'attacha à en prévenir le retour en introduisant un meilleur mode de culture en territoire arabe. Dans cette même année, une colonie pénitentiaire de jeunes détenus indigènes et européens fut installée à 35 kilomètres d'Alger à M'zéra, commune de la Réghaïa.

Vint alors, en 1869, l'enquête agricole confiée à M. Léopold Le Hon. « Il s'agissait, dit le maréchal Niel dans son » rapport, de donner de nouvelles garanties aux populations » européennes attachées désormais au sol, comme à celles » que doit y amener un mouvement plus prononcé de l'é- » migration. »

Au milieu de ces actes empreints d'humanité et de sollicitude, les Oulad-Sidi-Cheikh, refoulés au-delà de nos frontières du Sud, en 1864, firent irruption en janvier 1869 et envahirent le Djebel-Amour. Mis en déroute, après un combat de quelques heures, ils reprirent, l'année suivante, leurs incursions, et motivèrent l'expédition de l'Oued-Guir dont le résultat fut la soumission des Doui-Ménia.

Seulement, en 1871, à la suite des désastres éprouvés par la France, ces mêmes Oulad-Sidi-Cheikh voufurent recommencer la lutte. Cette tentative, promptement réprimée, fut bientôt suivie de la levée de boucliers de Si El-Hadj-Mohamed Mokrani, bach-agha de la Medjana, et de la formidable insurrection de toute la Kabylie, de la Mitidja à Constantine. La guerre était prêchée par le vieux cheik El-Haddach, marabout et chef des Kouans. La victoire d'Ishérideu et la réoccupation de Tuggurth y mirent fin. Nous ne pouvons, dans un simple précis, reprendre en détail tous les épisodes de ce nouvel effort de l'élément indigène pour s'affranchir de notre dépendance. Pourtant nous ne saurions taire le massacre de Palestro et le siége de Bordj-bou-Arréridj. Les tribus révoltées ont dû verser une contribution de guerre de 37 millions de francs et 9,500,000 fr. de soulte de rachat. De plus, le sequestre s'est appesanti surs leurs terres dont 574,583 hectares ont été affectés à la colonisation.

Les jours de luttes violentes, d'amertume, voire même de tristesse, sont comptés. Le courage n'aura à se défendre que contre les nouveautés du climat, les difficultés de la terre, au reste, assez abondante, assez profonde, pour faire face à tous les efforts. Mais, comme l'a dit, dans une circonstance toute récente, M. le général Chanzy, « l'armée, avec son dévoue-
» ment, son abnégation, reste l'aide le plus puissant
» de la colonisation. »

A partir de ce moment, une ère nouvelle s'est levée pour l'Algérie. Puissamment secondé tout à la fois par des institutions plus libérales, par l'autorité et par le Comité d'Haussonville, le pays a marché d'un pas assuré dans le sentier du progrès. Il a utilisé le temps, utilisé les jours et adopté pour devise *nusquam otiosus*. Dans les trois provinces, de nombreux villages se sont constitués. La population s'est sensiblement accrue. Les desséchements se sont poursuivis ; les cultures ont pris une nouvelle extension. En 1872, 1,814,955 hectares ont donné 12,290,162 quintaux métriques de céréales. Un calme laborieux et fécond s'est trouvé acquis à l'Algérie agricole, industrielle et commerciale.

Mais nous aurons à constater, au chapitre du bétail, de fortes diminutions dans l'effectif des troupeaux en territoire arabe ; le contraire s'est produit chez les Européens. La statistique est précise à cet égard.

Du reste, les Bureaux de renseignements, constitués dans la Colonie et à Marseille, seront des plus utiles si leur personnel répond de tout point au but à atteindre. C'est ici une occasion de dire : Tant vaut l'homme, tant vaut l'institution. Ils guideront les immigrants et les orienteront de manière à leur permettre d'exprimer une préférence motivée dans le choix de leur résidence.

De son côté, le *Club alpin* développera, en France, le goût des excursions ; ses membres visiteront nos montagnes, et après avoir parcouru l'Algérie, ils en parleront de visu ; ils en signaleront le beau climat et les richesses. Ils seront aussi les apôtres du peuplement européen. Leurs paroles ne tomberont certainement pas sur une terre d'indifférence, sur un sol stérile ; l'on ne dira pas d'eux : *Vox clamans in deserto.*

Les Expositions et les Concours agricoles feront eux-mêmes œuvre de propagande. Le tort de la Colonie est de trop s'en désintéresser. Il importe de réagir contre cette tendance à l'abstension.

3

L'Algérie est essentiellement agricole ; « son élément capital de prospérité, celui qui domine et entraîne tous les autres, c'est l'agriculture ; » de tout temps elle s'est plus particulièrement occupée des produits de la terre et du bétail. Elle est aux champs et non à la ville, *in agris, non urbe*, comme le fait remarquer M. Robe dans son commentaire de la loi du 26 juillet 1873. Elle a été, avec la Sicile, le grenier de Rome. Mais, en tombant sous la domination arabe, elle a vu sa fécondité se ralentir et, finalement, à peu près disparaître ou plutôt s'endormir.

Avant l'arrivée des Français, l'indigène se bornait, comme aujourd'hui encore sur beaucoup de points, à entamer légèrement l'épiderme de la terre, à creuser sans régularité de faibles sillons, parfois encombrés de pierres, et à leur confier une semence jetée à la volée, s'en remettant, dans ses convictions fatalistes, au soin de la nature pour assurer la récolte.

L'Arabe ne connaissait pas les engrais. Il amendait le sol à l'aide des incendies pratiqués périodiquement dans les herbes et les broussailles. Du reste, le repos alternait avec la culture. Jamais un champ n'était appelé à donner deux campagnes de suite.

Les procédés de l'Arabe étaient, on le voit, primitifs, barbares. Ils amenaient de médiocres résultats, en rapport néanmoins avec les besoins d'une population très sobre, d'un commerce dont l'importance annuelle n'excédait pas huit millions de francs. Leur cadre, très restreint, comprenait les céréales, le tabac, l'huile et les fruits, sans oublier les troupeaux dont la toison recevait et reçoit toujours, avec la robe du chameau, un emploi journalier dans le gourbi et sous la tente.

Mais depuis la conquête, tout a changé de face ; une culture, guidée par l'expérience et la raison, éclairée du flambeau de la science, a réveillé les aptitudes de la terre. Elle les utilise dans une mesure chaque jour plus étendue. La nature et les expositions du sol se prêtent, du reste, aux efforts du colon. Deux lignes de montagnes, le grand Atlas, sur les confins du désert, le petit Atlas au Nord, à 30 ou 40 kilomètres du littoral, constituent dans leurs approchements et leurs ramifications, côteaux, vallées et plaines. Elles font de l'Algérie un pays fortement accidenté, sans cependant présenter trop souvent des pentes abruptes dont l'altitude, au surplus, dépasse rarement 1,200 mètres.

Le sol offre à peu près toutes les formations géologiques, mais nous devons nous en tenir aux terres agricoles. Elles se composent, en général, de débris de terrains de transition, de schistes argileux ou calcaires, de marnes, comme aussi de terrains d'alluvion, formés d'argile et de sable en proportion convenable ; toutefois, les terrains calcaires et les terrains d'alluvion dominent.

Les céréales et les fourrages réussissent très bien dans les terres calcaires, dont la fertilité est appréciée partout. Les légumineuses et les cultures industrielles préfèrent les terrains silico-argileux, propres d'ailleurs à toutes les cultures, à sous-sol perméable et dont l'action productive s'accentue par une addition de calcaire. Les terrains quaternaires, les terrains d'alluvion en présentent de grandes étendues. Telle est la composition des plaines de l'Habra, de la Mina, du Sig, du Chélif, de la Mitidja, du Saf-Saf et de Bône.

Le sol de l'Algérie renferme aussi du sel, mais dans des proportions de nature à activer sa productivité.

Les terres cultivables de la Colonie sont donc de qualité supérieure ; elles peuvent se comparer aux riches plaines de la Flandre et de la Picardie, de la Beauce et de la Brie.

Voilà la puissance de composition du sol algérien ; elle est de tout point satisfaisante. Toutefois, pour se maintenir, elle veut être secondée ; ses forces s'épuisent, elles demandent à être réparées. Telle est la mission des labours et des engrais.

Les labours doivent être profonds ; ils exposent les molécules aux influences atmosphériques ; enterrent les herbes ; ameublissent le sol. Une terre profondément remuée, convenablement humectée, résiste davantage à la sécheresse.

L'utilité, disons mieux, la nécessité des engrais est également démontrée. Toutes les productions de la terre servent à l'alimentation ou aux besoins de l'homme et des animaux ; mais pour ne pas se lasser de donner, la terre doit de toute rigueur réparer périodiquement et opportunément les pertes que lui occasionne la production non interrompue de ses fruits.

Vainement, pour suppléer aux engrais, recourrait-on à la jachère, à l'alternat des cultures ; le sol ne s'en épuiserait pas moins à la longue. La fertilité du sol s'accroît au moyen des substances qui modifient son activité, augmentent sa richesse, en lui restituant des matières organiques. « On doit rendre à la terre, dit » M. Dumas, tout ce qu'on en a reçu ; c'est une loi de » la nature ; la statistique chimique des êtres organisés » nous l'apprend. »

Il faut distinguer entre *l'amendement* et *l'engrais.* L'un change la constitution du sol ; les marnes argileuses amendent les terres trop légères. Les terres argileuses sont amendées à leur tour par le sable, les pierres, les platras et la chaux.

Les engrais restituent à la terre l'alimentation des plantes ; *le plus riche est représenté par les phosphates.* « Les engrais, dit M. Payen, ont d'autant plus » de valeur que la proportion des substances organiques azotées y est plus forte et y domine surtout » relativement à celles de ces matières organiques non » azotées, et la décomposition des substances quater-

» naires s'opère graduellement et suit mieux les pro-
» grès de la végétation. »

« L'un des plus beaux problèmes de l'agriculture, » fait encore remarquer M. Dumas, réside dans l'art » de se procurer de l'azote à bon marché. Pour le car- » bone, il n'y a pas à s'en inquiéter, la nature y a » pourvu ; l'air et l'eau pluviale y suffisent. Mais » l'azote de l'air, celui que l'eau dissout et entraîne, » les sels ammoniacaux que l'eau pluviale recèle elle- » même, ne sont pas toujours suffisants. Pour la » plupart des plantes de culture importante, il faut » entourer les racines d'un engrais azoté, source per- » manente d'ammoniaque ou d'acide azotique dont la » plante s'empare à mesure de leur production. »

Les engrais sont les moyens employés en agriculture pour arriver à ce but. Ils se divisent en trois grandes sections : *végétaux, animaux, minéraux*, les mêmes qui forment les trois règnes de la nature. Tous donnent au sol des propriétés favorables pour la culture, soit en remuant et mêlant les molécules de la terre, quand celle-ci est trop compacte, soit en la liant et lui donnant de la consistance quand elle est trop légère, et, dans beaucoup de cas, en fournissant aux plantes certains principes sans lesquels il leur serait impossible de grandir et même de se constituer.

Du reste, les engrais ne valent que par la quantité de matières solubles dans l'eau pluviale qu'ils cèdent au sol ; or, cette quantité est augmentée dans d'énormes proportions par l'état d'extrême division des matières soumises à l'action de l'eau.

Il ne faut pas perdre de vue que la manière d'employer les engrais n'est pas sans influence sur les résultats à obtenir ; or, c'est là précisément ce qu'on ne sait pas assez.

En bonne agriculture et en bonne horticulture,

l'engrais doit toujours être parfaitement mélangé avec la couche arable ; chaque particule de terre doit en être imprégnée. On y arrive tantôt par l'usage du purin, tantôt par des hersages et des ratelages multipliés ; mieux l'engrais est hersé ou ratelé, mieux il s'incorpore au sol et plus énergiquement il agit. Théorie et pratique sont en parfait accord sur ce point.

Les plantes ne demandent à la fois que de petites quantités d'aliments. Il ne s'agit donc pas de donner au sol de grandes masses qu'elles ne s'assimileraient pas. On l'a dit depuis longtemps, ce qui nourrit n'est pas ce que l'on mange, mais bien ce que l'on digère ; il en est de même pour les plantes : ce qui les nourrit, c'est l'engrais absorbé par le sol.

Partant de ce point, dont l'exactitude n'est plus révoquée en doute, MM. Menier et Coignet conseillent aux agriculteurs l'emploi exclusif des engrais pulvérisés. Ils opèrent mieux et plus promptement, double économie d'argent et de temps ; par la pulvérisation des engrais on arrive à ce triple résultat : obtenir dans un *minimum* de temps avec un *minimum* d'efforts un *maximum* d'utilité.

La pulvérisation des corps, nul ne l'ignore, modifie leurs propriétés physiques et chimiques. Tel corps insoluble pris en bloc, devient soluble réduit en poudre ; c'est le cas du verre, des phosphates fossiles, des scories de forge.

Il y a là une révolution ; elle sera féconde !!

Nous l'avons dit plus haut, les engrais forment trois groupes ; savoir :

1° ENGRAIS MINÉRAUX

Tout emploi de ces engrais sur les terres doit être précédé d'un examen portant, non seulement sur les propriétés et la composition des uns et des autres, mais encore sur le sous-sol. La connaissance de la constitution géologique de la contrée et des sondages éclaireront le cultivateur sur ce point. La prudence commande d'ailleurs de commencer par des essais en petit.

Sable et argile. — Sous le rapport des propriétés physiques les plus importantes pour la culture, telles que la résistance à l'action des instruments aratoires et la faculté d'absorber, de retenir, de transmettre le calorique, l'eau et les gaz, le *sable* et l'*argile* sont diamétralement opposés l'un à l'autre. Ils peuvent donc se servir mutuellement de correctif, et dans le fait, ils finissent toujours par acquérir, quand ils sont mélangés, une fécondité supérieure à celle qu'ils possédaient isolément.

L'*argile brûlée* ou *calcinée* change presque totalement de propriété ; elle perd sa tenacité, sa faculté de retenir l'eau et se réduit, par le moindre choc, en une poussière qui a beaucoup de rapports avec le sable. L'action du feu lui communique aussi certaines PROPRIÉTÉS NUTRITIVES qui constituent le bon emploi dans les terres fortes ou argileuses, de la pratique connue sous le nom d'*écobuage*.

Marne. — On désigne sous le nom de marne, des couches de terrain formées de calcaire et d'argile en proportions variables. On évalue combien elles contiennent de carbonate de chaux, en sachant qu'il renferme 0.43 d'acide carbonique ; il suffit pour cela de peser avant et après l'emploi de l'acide chlorhydrique. Le lavage et la décantation font ensuite connaître approximativement les quantités relatives d'argile et de sable. C'est ainsi qu'on parvient à savoir si la marne mise à l'essai doit être considérée comme *argileuse*, *calcaire* ou *siliceuse*. Non seulement la marne ameublit le sol, mais encore elle active la végétation de toutes les plantes cultivées en exerçant une influence plus féconde sur les menus grains, sur les fourrages, sur les petites légumineuses, et, en général, sur toutes les plantes qui préfèrent les sols calcaires.

Chaux. — La chaux convient à tous les sols qui n'en contiennent pas. Pour reconnaître si une terre en contient, il suffit de la mettre en contact avec un acide, le vinaigre par exemple, et en la voyant faire effervescence, on peut être assuré qu'elle contient la chaux suffisante pour la vie des plantes. Son mode d'action est surtout chimique et stimulant. Elle dispose favorablement le sol pour les légumineuses, pour la plupart des plantes commerciales, pour le froment dont le grain, sous son influence, forme proportionnellement une plus grande quantité de farine féculente et une écorce plus mince. Enfin, elle contribue à détruire les mauvaises herbes, les insectes et les miasmes qui s'engendrent dans le sol par la décomposition des matières organiques.

Plâtre (gypse ou sulfate de chaux). — Franklin, pour rendre palpables les effets de la faculté fertilisante du plâtre en répandit la poudre sur un champ de trèfle, de manière à tracer le mot *plâtre* ou quelque équivalent. Le luxe de végétation et l'éclat de verdure qui ne tardèrent pas à se montrer sur les lignes plâtrées, les traduisirent en lettres saillantes d'herbe qui convainquirent les plus incrédules. Depuis lors, l'emploi du plâtre s'est fort répandu, surtout aux Etats-Unis. Cependant on n'en connaît et l'on n'en explique pas encore bien le mode d'action. Ce qui paraît constaté, c'est qu'il peut agir en très petites doses (250 kil. par hectare), et que son action est constante sur les légumineuses, sur les tiges et les plantes à larges feuilles, telles que les choux. Il se montre plus actif, lorsqu'il est convenablement cuit, que lorsqu'il est cru ou qu'il a été brûlé. On le projette sur les plantes ou on le répand sur le sol avec les graines. Répandu en légères couches dans les écuries et sur les tas de fumier, il fixe les sels ammoniacaux, en constituant un sulfate d'ammoniaque qui n'est pas volatil.

Sel marin (chlorure de sodium). — Le sel marin, dont l'application aux usages agricoles date des temps les plus éloignés, principalement dans les contrées de l'Orient, a toujours été et est aujourd'hui plus que jamais un vaste sujet de controverse parmi les agronomes. La pratique, cependant, démontre que si le sel employé en trop grande quantité diminue les récoltes au lieu de les augmenter, et peut aller jusqu'à *stériliser* complètement un terrain, il n'en produit pas moins de grands avantages, appliqué avec prudence et judicieusement, soit aux *terres à froment*, soit à *celles destinées aux pâturages*. Les Arabes, et les Indiens avant eux, ont constaté que le sel marin est spécialement favorable aux plantations de dattiers et de cocotiers ; on sait que dans les pays intertropicaux, ces derniers viennent spontanément dans les sables du littoral et des récifs madréporiques imprégnés de sel marin.

Azotates (nitrates). — L'acide azotique, en se combinant avec les bases alcalines (soude, potasse, ammoniaque) et avec la terre calcaire, donne naissance à des composés salins qui, répandus sur le sol en quantité convenable, produisent un bon effet sur la végétation. Leur emploi est très borné en agriculture, parce qu'on trouve presque toujours plus avantageux d'extraire le salpêtre pour les besoins des arts. Néanmoins, les platras et les terres dans lesquels les azotates se forment spontanément sont quelquefois employés à la fertilisation des terres. Les Hindous ont reconnu depuis longtemps que les terrains salpétrés sont les plus favorables pour la culture du *pavot à opium.*

Phosphates. — Sir Humphry Davy attribuait la stérilité de quelques-unes des parties de l'Afrique septentrionale, de l'Asie mineure et de la Sicile, qui furent si longtemps les greniers de l'Italie, à l'épuisement de phosphates, par suite d'une longue exportation de blé, du sol de ces contrées, sans restitution convenable de ces principes indispensables à la bonne venue et à la richesse du froment. La science moderne a rendu un service incalculable à l'agriculture en constatant les avantages de l'emploi des phosphates fossiles dont les gisements sont si abondamment répandus dans les terrains crétacés. Ces phosphates, très exploités aujourd'hui, sont à base de chaux, de magnésie, d'oxyde de fer, etc. Mais les cultivateurs qui voudraient les employer feront bien de n'accepter que ceux dont l'analyse indique la teneur en acide phosphorique.

2° ENGRAIS VÉGÉTAUX

Engrais verts. — Les anciens Romains connaissaient déjà l'usage d'engraisser les terres en y enfouissant les récoltes qui les couvraient. Ils consacraient surtout à cet emploi le lupin qui, en Algérie, a donné des résultats remarquables sur les céréales et les oliviers. La même pratique est encore, de nos jours, très répandue dans l'Italie ; elle l'est moins dans les contrées plus septentrionales, ce qui vient de ce que *les engrais verts* sont aqueux et refroidissants. Par la même raison, ils conviennent surtout aux terres sèches. Les plantes destinées à cet usage sont, *la spergule, les plantes oléagineuses, le sarrasin, le lupin, la vesce, le trèfle, le sainfoin et les légumineuses de peu de valeur.* On les enterre au moment de la floraison, quand elles contiennent beaucoup de sucs mucilagineux, et qu'elles peuvent, non-seulement rendre au sol ce qu'elles lui ont pris, mais encore l'enrichir du carbone et de l'azote qu'elles ont puisés dans l'atmosphère. Tous les végétaux verts ou secs peuvent servir d'engrais. Dans l'horticulture, on forme avec les feuilles ramassées de toutes parts et mises en fermentation dans une fosse, un terreau moins substantiel que celui de la nature, mais où les jeunes plantes peuvent facilement insinuer les délicates fibrilles de leurs racines.

Goëmon ou varech. — Le goëmon que l'on emploie en si grande abondance pour l'engrais des terres sur les côtes de Bretagne, de Normandie, d'Écosse et d'Irlande, est un mélange de différentes plantes de la famille des algues. On recueille ces plantes, soit quand elles ont été détachées par les vagues, soit par une récolte régulière que l'on obtient en grattant avec de longs râteaux tranchants les rochers situés à fleur d'eau ou à une faible profondeur dans la mer. Ces plantes entraînent avec elles un grand nombre de coquillages qui en augmentent la valeur comme engrais ; elles sont d'ailleurs riches en sels de soude et de potasse qui augmentent leurs vertus fécondantes. On les emploie, soit à l'état frais, sortant de la mer, ou simplement égouttées, soit après qu'elles ont été entassées pendant quelques jours et qu'elles ont subi un commencement de putréfaction, soit enfin après avoir été brûlées plus ou moins complètement.

Tourteaux ou marcs de graines oléagineuses. — L'analyse chimique nous apprend que c'est dans la graine que se réunit, à l'époque de la maturité, la plus grande partie des principes azotés contenus dans les plantes. Il est très rare que l'on emploie comme engrais des graines entières ; le plus souvent on n'emploie pour cet usage que les débris qui restent de ces graines, après qu'on en a retiré certaines matières industrielles d'assez grande valeur dans le commerce et qui seraient peu efficaces, sinon nuisibles, employées comme engrais. Tel est le cas des graines oléagineuses (lin, colza, etc.). L'azote de ces diverses graines se trouve presque entièrement concentré dans le tourteau, c'est-à-dire dans la partie solide que l'on obtient après avoir soumis la graine écrasée à l'action d'une forte presse pour en faire sortir l'huile qu'elle renferme. C'est surtout sur les terrains légers, sablonneux, dans les terres franches qu'on recommande l'emploi des tourteaux comme engrais ; particulièrement pour la culture des céréales, du chanvre, du lin et du colza. On les répand sur le sol sous deux états distincts : 1° réduits en poudre, on les sème à la volée ; 2° on les délaie dans de l'eau ordinaire ou dans les eaux de fumier, puis on les laisse fermenter pendant quelque temps, et l'on répand ensuite, à la manière de *l'engrais flamand,* le liquide provenant de la décomposition putride de ces tourteaux. Schivertz conseille d'ajouter au tourteau la sixième partie de son poids de chaux en poudre, lorsqu'on doit s'en servir pour fumer un sol argileux et froid.

Les tourteaux de lin sont supérieurs à tous les autres tourteaux ; ils contiennent 5 kil. 20 d'azote pour 100 kil. à l'état normal et il faut moins de 8 kil. de cet engrais pour équivaloir à 100 kil. de fumier de ferme ordinaire. On voit de quelle richesse les cultivateurs algériens se privent en vendant à l'extérieur leurs graines de lin au lieu de les convertir à l'intérieur en huile et en tourteaux.

Tout les détritus de graines ou de fruits, tels que les marcs *d'olives, de raisins ;* la pulpe de *pomme de terre,* les *résidus de féculerie ;* les déchets de *coton* recueillis dans les filatures ; les marcs de *drêche* ou de *houblon* ; les eaux de rouissage du *chanvre et du lin*, etc., sont employés comme *engrais végétaux* dans les contrées où l'industrie manufacturière est plus répandue qu'en Algérie. Mais les espèces les plus avantageuses sous ce rapport pour l'agriculture sont celles qui servent à la fabrication du sucre de betterave ; 100 kil. de pulpe de betterave équivalent à 85 kil. de fumier de ferme ordinaire ; à l'état sec, 35 kil. de cette substance peuvent remplacer 100 kil. de fumier. On obtient, en outre, dans la fabrication du sucre de betterave, d'autres matières telles que les *écumes* et *dépôts de défécation*, contenant 5 kil. sur 100 d'azote ; c'est un *peu plus* que n'en contient le fumier frais de ferme.

3° ENGRAIS ANIMAUX

Les plus importants sont les *os et les excréments*.

Os. — Les os produisent des effets différents suivant qu'ils sont entiers ou divisés, frais ou vieux, dans leur état naturel ou après qu'on en a extrait la gélatine ; dans ce dernier cas, en particulier, il sont réduits au rôle d'amendement. Au contraire, la poudre d'os naturels et frais à la dose de 1,500 kil. environ par hectare, produit, surtout quand on y ajoute du salpêtre, du sel commun ou du plâtre, d'excellents effets qui se soutiennent pendant *cinq ans*. Les Anglais qui, pour suffire à la grande consommation qu'ils en font, les vont chercher jusqu'en Russie et dans l'Inde, en préconisent la grande influence sur les prairies et les turneps. On les répand avant ou après la semaille ou sur les plantes en végétation. On les broie avec la hache ou le marteau, ou au moyen d'une machine ; l'opération devient plus facile quand ils ont été chauffés et fortement séchés.

Déjections. — On divise les déjections des animaux en *engrais froids* et *engrais chauds*. En allant des plus froids aux plus chauds, on range les espèces qui les fournissent dans l'ordre suivant : porc, vache, cheval, mouton, volaille et homme ; mais le genre d'aliment que prennent les animaux, leur état d'embonpoint et les procédés de préparation apportent en cela de grandes différences. La fiente *de porc*, qu'on regarde communément comme la plus inerte, est, à ce qu'il paraît, la plus variable dans ses effets : de sorte que quelques agronomes la considèrent comme très active. Les déjections *du cheval* ont pour caractère principal de devenir, par la fermentation régulière, friables, pulvérulentes, par opposition à celles du gros bétail à cornes, lesquelles, dans les mêmes circonstances, se réduisent à l'état onctueux que les Allemands désignent par l'expression de *beurre noir*. Le *crottin* de cheval est d'un plus grand emploi dans l'horticulture, et la *bouse* de vache dans l'agriculture. Le fumier de *mouton*, plus chaud que celui des autres bestiaux, s'emploie surtout par le *parcage*, méthode par laquelle les bêtes à laine, retenues entre des clôtures facilement transportables, sont forcées de passer successivement la nuit sur toutes les parties d'un champ. La fiente de *volaille* comprend *la colombine*, tellement estimée dans le département du Pas-de-Calais, surtout pour le lin, le tabac et les plantes oléagineuses, qu'on en paie plus de 100 fr. une voiture et demie, quantité nécessaire pour fumer un hectare.

Guano. — Un engrais analogue à la colombine, très recherché aujourd'hui, est le *guano* que l'on trouve en abondance dans les ilots et sur quelques points du littoral de l'Amérique du Sud, où il forme des dépôts qui ont souvent plus de 20 mètres d'épaisseur. L'exploitation européenne de ces dépôts, commencée au Pérou en 1840, s'est élevée, quelques années après, jusqu'à la production de 400 millions de kil. importés en Europe en un an. En 1851, la consommation du guano s'est élevée, en Angleterre, au chiffre énorme de 152 millions de kil., 26 fois la consommation française ! On l'a vendu jusqu'à 70 et même 75 fr. les 100 kil. ; il est descendu depuis, en France, à 25 no 28 fr. Aujourd'hui que les dépôts péruviens les plus riches et les plus rapprochés de l'Europe diminuent au point de menacer de disparaître en peu de temps, on commence à substituer au guano *naturel*, le guano *artificiel* dont le grand inconvénient est celui de se prêter à une exploitation frauduleuse que redoutent les cultivateurs.

Engrais humain. — L'engrais humain est encore en France le moins employé de tous les engrais. Ecoutons ce que dit à ce sujet un grand écrivain (V. Hugo), qui, dans cette circonstance, se montre un grand économiste.

« Paris jette par an 25 millions à l'eau et ceci sans » métaphore. Comment et de quelle façon ? jour et » nuit. Dans quel but ? sans aucun but. Avec quelle » pensée ? sans y penser. Pourquoi faire ? pour rien. » Au moyen de quel organe ? Au moyen de son in- » testin. Quel est son intestin ? c'est son égout.

« La science, après avoir longtemps tatonné, sait au- » jourd'hui que le plus fécondant et le plus efficace des » engrais, c'est l'engrais humain. Les Chinois, disons- » le à notre honte, le savaient avant nous. Pas un » paysan chinois, — c'est Echsberg qui le dit, — ne » va à la ville sans rapporter, aux deux extrémités de » son bambou, deux sceaux pleins de ce que nous ap- » pelons immondices. Grâce à l'engrais humain, la » terre, en Chine, est encore aussi jeune qu'au temps » d'Abraham. Le froment chinois rend jusqu'à 120

» fois la semence. Il n'est aucun guano comparable » en fertilité au détritus d'une capitale. Une grande » ville est le plus puissant des stercoraires. *Employer » la ville à fumer la plaine, ce serait une réussite » certaine*. Si notre or est fumier, en revanche, notre » fumier est or. — Que fait-on de cet or-fumier? on » le balaie à l'abîme. »

Dans quelques villes, les vidanges sont converties par l'évaporation, la décantation et la dessication, en *poudrette*, qui, quoique ayant été dépouillée par ce traitement d'une grande quantité de gaz nutritifs, est encore très favorable au développement herbacé des plantes et par conséquent à celui des prairies.

Il n'entre pas dans le plan de ce travail de nous étendre davantage sur la composition, la valeur et l'emploi de ce que l'agriculture désigne sous les noms divers, de *fumiers d'étable*, *d'engrais flamand*; *noir animal*, et *noir animalisé*; *guano de poisson*; *compost divers*; *engrais Ville*, etc., et, en général, tous les *engrais artificiels*. On trouve tous les détails relatifs à ces diverses matières fertilisantes dans tous les ouvrages modernes d'agriculture, notamment dans l'excellent traité de *Chimie agricole* de M. Pierre et les *Annales de Grignon*, où les équivalents nutritifs de ces matières sont consignés dans des tableaux qui ne laissent rien à désirer au point de vue de l'expérimentation.

Toutefois, nous parlerons de l'engrais Jauffret dans la composition duquel on peut utiliser bon nombre de végétaux, notamment les tiges et les racines du *palmier nain*.

Le compost, système Jauffret, consiste dans la préparation d'une lessive, ou purin, avec laquelle on arrose, réunies en un tas, toutes les matières herbacées ou ligneuses qui se perdent aux environs des fermes, telles que genet, jonc, chiendent, ramilles de palmier, fanes de pommes de terre, sciure de bois et racines quelconques. Cette lessive se compose, pour 1,000 kil. de paille ou 2,000 kil. de matières herbacées ou ligneuses, de 100 kil. de plâtre cuit en poudre ou 200 kil. de platras de démolition pilés, ou encore de 200 kil. de cendre de houille ; 100 kil. de matières fécales ou animal mort ; 25 kil. de suie de bois ou 100 kil. de terre cuite, provenant d'un écobuage ou d'une briqueterie ; 10 kil. cendres non lessivées ou 1 kil. potasse du commerce ; 30 kil. chaux vive ; 500 grammes sel de cuisine ; 500 grammes salpêtre brut ; 150 kil. de bon fumier ordinaire ou purin Jauffret ancien. — Le tout doit être bien mélangé dans 15 ou 16 hectolitres d'eau. Quand le tas des matières à convertir en fumier est terminé, on répand par-dessus une forte couche du limon qui se trouve toujours au fond de la fosse, et on arrose fortement sur toute la surface avec la lessive qui reste. On arrose tous les 8 ou 6 jours ; dans les chaleurs, 15 ou 20 jours suffisent. Pour la fabrication de cet engrais avec des tiges et des racines de palmier nain, on devra, d'abord, les broyer ou au moins les découper avant de les entasser ; on doublera la quantité de chaux indiquée et on laissera le tas en fermentation pendant un mois ou deux.

« Si en parcourant la nomenclature des matières » employées comme engrais, dit M. Emile Cordon, il » est aisé de se convaincre que, dans une ferme bien » dirigée, rien ne doit se perdre, que tout au contraire » doit concourir à augmenter la somme d'engrais » disponible, et que le fumier est encore le meilleur » moyen d'action pour l'amélioration du sol, non » seulement il renferme l'azote, mais encore du car» bone, des sels de potasse, de soude, de chaux et des » phosphates, substances dont l'utilité est parfaite-

» ment reconnue par la science. Seulement comme la
» production du fumier n'est pas toujours en raison
» des besoins, il est nécessaire d'y suppléer et de re-
» courir aux autres matières que la chimie a reconnu
» renfermer les éléments convenables pour le rem-
» placer. »

Un dernier facteur est indispensable à la végétation, l'EAU car, comme le dit encore M. Agnély, « si l'on
» ne peut coloniser sans terre, l'on ne peut non plus
» produire sans *eau*. L'eau est un trésor précieux dans
» les pays du soleil où les pluies sont rares, torren-
» tielles et concentrées dans un petit nombre de mois.
» Il importe de ne pas en perdre une goutte, soit qu'on
» l'emmagasine dans des réservoirs artificiels, soit
» qu'on favorise son infiltration pour alimenter les
» couches aquifères souterraines.

« De l'eau pour tous, de l'eau partout et à bon mar-
» ché ; de l'eau appropriée aux besoins multiples et
» variés de la nature et des êtres vivants, voilà le vœu
» du colon, » nous ajouterons, de tout Algérien.

Par l'aménagement des eaux, l'Angleterre a fait de ses possessions de l'Inde, le pays le plus productif, et, suivant une heureuse expression, l'Algérie deviendra, avec les barrages et les canaux d'irrigation, les INDES DE LA FRANCE.

Les cours d'eau de la Colonie, torrentueux en hiver, disparaissent généralement en été. En dehors de la Tafna, du Chéliff, du Mazafran, de l'Arrach, du Saf-Saf, de la Seybouse et du Rhumel, les oueds sont pour la plupart à sec durant la saison des chaleurs.

Emmagasiner l'eau, cet élément précieux qui se perd après avoir causé souvent de grands ravages ; réglementer ses courants aujourd'hui inutiles, parfois nuisibles ; les mettre au service de l'agriculture, voilà le problème à résoudre. La configuration de l'Algérie, son sol montagneux, découpé, continuellement en coteaux, en vallées, en plaines, permettent à peu près partout d'établir des réservoirs dont le barrage de la Macta permet de calculer les conséquences. Ce dernier contient en magasin des millions d'hectolitres destinés à arroser 36,000 hectares. Dans son voisinage, les terres se vendent 500 francs l'hectare et se louent de 40 à 50 francs.

Du reste, les barrages procureront aux collines et aux montagnes, leurs parois naturelles, des infiltrations dont l'action continue créera des nappes intérieures, trop faibles peut-être pour donner naissance à des cours d'eau, mais dont la présence assurera d'abord à la base, et successivement à toute la déclivité, en vertu de la loi d'ascension, une humidité propre à la végétation, et qui, s'étendant de proche en proche, favorisera les cultures amies de la plaine, du coteau et même des sommités alpestres. Tout s'enchaîne dans la nature ; les effets deviennent causes, et les forêts en concourant à la formation des nuages, ménageront au sol des ondées et des pluies bienfaisantes, sous tous les rapports.

La pratique des irrigations remonte aux époques les plus reculées. Avant que leur utilité, incontestée aujourd'hui, eût été reconnue par les peuples du Nord, depuis des siècles, les civilisations antiques, placées sous des climats plus chauds les considéraient comme le moyen le plus infaillible de faire prospérer les cultures.

Nos prédécesseurs dans toutes les pratiques utiles, les Chinois, considèrent depuis un temps immémorial les arrosages comme la base de l'agriculture. Le pays est sillonné de canaux d'irrigation.

Les Grecs et les Romains en tiraient également un grand parti. On retrouve en Italie de nombreux travaux d'art, des aqueducs, des barrages qui étaient destinés à irriguer les champs. Les auteurs anciens nous en parlent et nous nous souvenons du langage métaphorique de Virgile dans la lutte des deux bergers. « *Claudite jam rivos, pueri, sat prata biberunt.* »

En Espagne, les Arabes créèrent de gigantesques barrages.

Adam de Craponne, né à Salon en 1521, dota la Provence d'un grand canal d'irrigation. Pour apprécier, en quelques mots, le bienfait de cette œuvre, il nous suffira de rapporter la légende de sa médaille commémorative : « Dix-huit communes des Bouches-» du-Rhône lui doivent la fertilité de leur territoire. »

Nous ne voulons pas abandonner la question de l'eau sans faire mention *des fossés horizontaux et des puits dits instantanés*. Nous nous aiderons encore des travaux de M. Agnély, dont la plume facile et autorisée a si fréquemment plaidé la cause de la Colonie.

« *Les fossés horizontaux* pourraient être dénom-» més les barrages du pauvre et surtout des terrains » pauvres Ils ont été expérimentés sur les montagnes » des Vosges, sur les collines de la Provence ; ils s'a-» dapteraient merveilleusement tout d'abord au massif » du Sahel.

« Ces fossés, creusés de 75 centimètres sur un mètre » de large, avec déversoirs à chaque extrémité, suivis » de canaux de décharge, ont pour but de retenir » l'eau pluviale, pour en favoriser l'infiltration lente » dans le sous-sol et d'empêcher l'entraînement de » l'humus sur les terrains en pente et dénudés.

« En les multipliant à 30 ou 40 mètres d'intervalle. » de manière à ce qu'ils puissent contenir le produit » calculé d'une ondée, on réalise cet idéal de l'écono-» miste agriculteur : *Ne pas perdre une goutte de ce* » *don précieux du ciel.*

« Les résultats obtenus sur de vastes surfaces, en » France, ont déjà permis de présenter la multiplica- » tion des fossés horizontaux comme un précieux » moyen de prévenir, ou tout au moins de grandement » atténuer les désastres des inondations, d'activer la » végétation sur les flancs des montagnes et même de » reverdir les pentes escarpées et déjà dénudées de « terre végétale.

» L'infiltration des eaux pluviales opère, en quel- » que sorte, l'irrigation spontanée des terrains dé- » clives ; elle prévient leur accumulation dans les » bas-fonds marécageux ; elle a pour effet, non moins » assuré, de porter un utile contingent aux sources » déjà existantes, d'en faire surgir de nouvelles.

» Les puits ordinaires ou à ciel ouvert ne répondent » qu'imparfaitement aux besoins de l'homme. Les » puits dits artésiens, d'abord très dispendieux, ne » sont d'ailleurs réalisables que dans des *conditions* « *géologiques difficiles à préciser*, et rares en pro- » portion de leur spécialité. Mais voici *les puits dits* » *instantanés*, réalisables presque partout avec mi- » nime dépense de temps et d'argent, avec un outil- » lage très simple, et dont l'établissement se réduit » presque à un jeu, à une simple opération de mé- » nage.

» C'est à l'homme des champs surtout qu'est néces- » saire l'eau de sources, soit naturelles, soit artificiel- » les, car vivant au naturel, et, comme les végétaux » attachés au sol, s'alimentant surtout de *matières* » *premières*, il doit trouver dans les qualités vivi- » fiantes de l'air qu'il respire, de l'eau qu'il ingère, » partie des stimulants que le citadin puise dans une » alimentation plus condensée, plus raffinée.

» Le colon européen a besoin, en Algérie, d'une » eau potable de première qualité pour l'aider à sup-

» porter la crise de l'acclimatation. Les médecins ne » l'ont point laissé ignorer, l'eau de source est la » véritable *eau-de-vie* du colon laborieux et de son » intéressante famille. »

4

Sous la domination musulmane, l'agriculture cessa d'exister en Algérie, car l'on ne saurait appliquer cette dénomination à des cultures faites sans labours ni engrais, et dont la réussite, comme nous l'avons déjà fait remarquer, était complètement abandonnée aux soins de la nature. L'Arabe ne témoigne pas une plus grande sollicitude à l'égard, soit du bétail, soit des oliviers, dont la toison, le lait et le fruit concourent cependant pour une si large part à son existence. *Amélioration, sélection, prévoyance* étaient inconnues de l'indigène.

Depuis 1830, tout a changé de face. L'agriculture est rentrée en possession de cette terre propice aux troupeaux, aux céréales, comme aussi aux plantes textiles et oléagineuses. Elle a utilisé les éléments de production déjà acquis ; elle s'en est ménagée de nouveaux. Seulement ses essais, sous ce dernier rapport, n'ont pas tous été heureux ; le succès n'a pas toujours répondu à son attente. Si le lin, le sorgho, la soie, le vin et les essences ont définitivement pris rang parmi les produits habituels de la Colonie, il n'en a pas été de même du coton, du sésame, de la cochenille, de la garance, du thé, du quinquina, du café, aujourd'hui pour la plupart abandonnés après avoir laissé concevoir des espérances et avoir eu une période, les uns d'épanouissement et tous de faveur.

La voie à suivre pour l'immigration européenne était toute tracée ; les annales du passé l'indiquaient d'une manière certaine ; elles conseillaient les travaux de la terre. Il fallait d'abord réveiller les aptitudes du sol livré par la barbarie aux broussailles et au palmier nain.

Cependant les débuts de l'occupation ont été, pour le colon, difficiles et pleins de dangers. Les incertitudes des projets de la métropole sur l'Algérie, l'hostilité des tribus, leurs retours offensifs s'opposaient au développement de la colonisation. L'agriculture vit de sécurité. Le sillon creusé au milieu des hasards de la guerre est rarement fécond. Aussi, jusqu'en 1843, les cultures ont progressé lentement ; elles se sont renfermées dans un cercle restreint. Elles avaient besoin, pour prospérer, de l'ombre du drapeau de la France.

A dater de 1844, la situation s'est améliorée, sans être pourtant de tous points satisfaisante. Elle a été de nouveau troublée en 1846 par Abd-el-Kader, dont les contingents se sont encore montrés aux abords de la Mitidja.

Mais l'œuvre de la colonisation représentait déjà une valeur de 23,500,000 fr. — 8,632 hectares étaient affectés aux céréales ; 1,640 aux plantes maraîchères. La vigne en occupait 744 ; le tabac 86. L'impulsion était imprimée ; il fallait l'entretenir ; la devise américaine, *en avant, en avant,* devenait aussi celle de l'Algérie.

Les Céréales constituent avec le bétail, dont nous parlerons plus loin, les bases essentielles de l'agriculture algérienne. Ces deux branches devaient s'avancer de front ; mais la marche de la première est la plus rapide par suite de la participation directe des Européens à son exploitation. La seconde, au contraire, est restée à peu près exclusivement dans le domaine des indigènes. Mais cet état de chose cessera le jour où les chemins de fer auront fouillé l'intérieur de la Colonie et permis à nos éleveurs de s'installer sur les hauts plateaux.

La soumission d'Ab-el-Kader a inauguré la période véritable de la colonisation. Pour réussir, l'agriculture a besoin d'être tout entière à ses labours ; ses moyens sont paralysés par l'obligation d'interroger du regard l'horizon et de tenir, d'une main le mousquet, de l'autre la charrue.

En 1850, l'on comptait 20,142 hectares consacrés aux céréales ; 196 aux pommes de terre ; 830 au tabac ; 792 à la vigne. Quatre ans plus tard, les terres des deux territoires, ensemencées en blé tendre, blé dur, orge et maïs, formaient 761,470 hectares ; elles ont donné 9,371,640 hectolitres d'une valeur totale de plus de 100 millions. A cette époque, les concessions rurales étaient au nombre de 11,246 avec une superficie de 193,620 hectares.

Les cultures n'ont pas cessé de se développer depuis. En 1861, 2,040,260 hectares ont produit 12,746,651 hectolitres avec une double augmentation de 2 millions d'hectolitres sur 1859 et de 4 millions d'hectolitres sur 1860.

Toutefois, cette source de richesse a eu ses vicissitudes ; elle a traversé des périodes difficiles. 1865 et les deux années suivantes, marquées par la sécheresse et l'invasion des sauterelles, n'ont pas été aussi productives, malgré des emblavures plus étendues ; 2,276,332 hectares n'ont fourni que 11,411,927 hectolitres, dont 4,624,777 hectolitres de blé dur et

5.832r179 hectolitres d'orge. La récolte de 1864 avait atteint le chiffre de 18.218.680 hectolitres.

Le rendement de 1866 et de 1867 devait être encore plus restreint. Dans la première de ces deux années, 1.713.914 hectares n'ont pas rapporté plus de 8.188.243 hectolitres en blé tendre, blé dur, seigle, orge, avoine, maïs, fèves et bechna. En 1867, année de la famine, 2.307.072 hectares n'ont pas donné au-delà de 4.851.491 hectolitres, à défaut de bras pour opérer les moissons. 1871 n'a pas été plus fécond ; mais la campagne de 1872 a été abondante ; 1.814.955 hectares ont livré 12.290.162 quintaux métriques de céréales. Les années subséquentes ont aussi amené des résultats satisfaisants. Nous citerons encore 1874 : sur 2.730.000 hectares, le rendement a été de 16 millions de quintaux métriques.

Il y avait plaisir à voir de nombreux chariots, de longues files de wagons alimenter de grains, dans cette dernière année, d'importants transports maritimes. La même abondance se produisait sus d'autres rivages ; la Californie promettait aussi à l'Europe un large contingent d'approvisionnement.

Les froments de l'Algérie sont bien posés sur les marchés européens ; les blés durs surtout sont recherchés par les fabriques de pâtes alimentaires. L'on se plaint même en France de l'insuffisance de notre production sons ce rapport, ou, pour être plus exact, de nos envois de l'espèce.

L'orge algérienne a attiré l'attention à l'Exposition de Vienne ; elle sera largement employée dans les grandes brasseries de l'Autriche, de la Belgique et particulièrement de la Grande-Bretagne. Il faudrait introduire dans la Colonie *l'orge chevalier*, préférée en Angleterre, et dont la culture réussit difficilement dans le Nord.

L'Algérie s'occupe aussi, nous l'avons dit, du *maïs* et de *l'avoine*, mais dans une mesure trop restreinte. Dans les sols argileux, riches en détritus végétaux, l'avoine, dont le placement est facile en Europe, donne 50 hectolitres à l'hectare. Le maïs est, après le froment, la céréale la plus utile ; sa production doit nécessairement se développer dans la Colonie.

Nos colons pourront également aborder la culture du *riz*, et cela sans danger aucun pour la santé publique, en adoptant les variétés dites sèches dont la production ne réclame pas d'autres soins que ceux donnés aux blés et autres céréales. Les importations de riz atteignent, année moyenne, 1.500.000 kilogrammes.

L'Alpiste ou millet long, fait aussi défaut au-delà de la Méditerranée. L'Algérie pourrait tirer un fructueux parti de cette graminée ; elle y vient très bien ; son placement est facile.

Les Légumes secs ou légumes verts ont acquis également une place marquée dans les cultures de la Colonie. Les premiers demandés par la métropole, la Grande-Bretagne, l'Italie et l'Espagne, ont eu un mouvement ascensionnel remarquable dont nous indiquons les résultats au chapitre du commerce.

Les exportations de légumes verts, pour être moins importantes en poids, offrent cependant un grand intérêt. Elles ont lieu dans la saison où l'Europe, généralement dominée par les frimas, est obligée de recourir aux produits des zones, patrie de l'oranger.

Il y a vingt ans, le commerce des primeurs, comme celui des fleurs encore aujourd'hui, appartenait à l'Italie ; Nice et ses environs en avaient le monopole avec les points les mieux exposés du midi de la France. Mais, à partir de 1855, l'Algérie est entrée en concurrence. Tout d'abord, ses envois ont été bien modestes ;

leur progression a été rapide à compter de 1860 : les tableaux de développement joints à cette Etude en administrent la preuve.

La Pomme de terre, cultivée aussi comme primeur, donne, de son côté, de fructueux résultats. Il n'est donc pas sans intérêt d'indiquer ici un procédé infaillible de reproduction recommandé par M. Castel, chef du service du jardinage au bois de Vincennes. « On » emploie, dit-il, comme semences, une grande quan- » tité de pommes de terre ; eh bien ! au lieu de les » mettre en terre, nous mangeons et faisons manger » à nos animaux la semence. Seulement, nous arra- » chons impitoyablement les yeux à chaque tubercule » un peu au-dessous du germe, en laissant adhérer » une partie de la chair du tubercule, afin de ne pas » l'attaquer, puis nous les déposons dans des barils, — » ou tous autres fûts défoncés d'un bout, — dans » lesquels nous *mettons des cendres de bois par* » *couches*, — et au fur et à mesure, — jusqu'à ce » qu'ils soient pleins.

« Voilà le procédé de conservation pour notre » semence, qui, comme vous le voyez, sont les germes, » seuls organes vitaux du tubercule, puisque le tuber- » cule lui-même pourrit en terre. Voilà donc une » immense économie certaine, facile à mettre en » pratique et produits assurés.

» Mais là n'est pas toute l'importance. Lorsque » l'on sème les pommes de terre par le procédé ordi- » naire, on les choisit plutôt petites que moyennes, » pour ne pas les couper et occasionner moins de perte. » De cette manière, on ne voit pas si elles sont ma- » lades à l'intérieur ; de manière que l'on propage la » maladie sans le vouloir ; pendant que, grâce à notre » procédé, on peut choisir les yeux sur les sujets de » premier choix, chaque fois que l'on prépare les

» tubercules, et les conserver jusqu'au moment de la
» semence. Par ce moyen de sélection, toute maladie
» est impossible.

» Les germes, yeux ou rhizomes sont toujours en
» rapport avec le tubercule, en grosseur et en qualité.
» Or, les germes recueillis sur de gros tubercules,
» bien portants, sans traces de maladie à l'intérieur,
» seront également gros, trappus et très vigoureux,
» ne produiront que de gros fruits également bien
» portants. »

Malheureusement les champs de pommes de terre sont, dans plusieurs pays, dévastés par un insecte, *le colorado polata Bug* des Américains, *le doryphora decem lineata ou decem punctata* des entomologistes. L'existence de ce phylloxera des solanées a été signalée d'abord aux Etats-Unis, et, il y a quelques mois, en Belgique et en Hollande. Cette chrysomèle, d'un jaune clair, dont la larve est herbivore, se transporte d'un endroit à l'autre et même à de grandes distances au moyen de ses ailes.

Dans le Nouveau-Monde, l'on combat le doryphora à l'aide d'arrosages au vert-de-gris. L'on déclare s'en bien trouver.

La pomme de terre, ce précieux aliment, présente de nombreuses variétés. Il en est deux, récemment introduites en Europe, qui se recommandent aux cultivateurs : c'est *le Early rose* et surtout *la Reine-Blanche ;* cette dernière est volumineuse; sa chair est très fine et farineuse, son goût exquis, sa maturité hâtive.

La Vigne. Ces deux mots éveillent des idées multiples. Ils nous rappellent surtout les commandes considérables de vin et de spiritueux faites, chaque année, à la France, à l'étranger et les efforts constamment tentés pour soustraire la Colonie à cette dépendance.

En effet, les arrivages ne sont pas restés, en 1871, au-dessous de 47.045.700 litres pour les vins, et de 2.956.300 litres pour les eaux-de-vie. Depuis, ils ont diminué par suite, sans doute, de l'intervention de la production locale.

A la première apparition de l'oïdium en Europe, on songea à doter l'Algérie de cette culture déjà pratiquée pour le fruit, par les indigènes, et qui, en 1850, présentait le faible contingent de 792 hectares. Il s'est accru tous les ans ; en 1854, 2.306 hectares ont donné 1.172.441 litres de vin, plus 1.791.460 kil. de raisins consommés en grappes. Sept ans après, en 1861, 3.668.200 litres et 4.252.790 kil. se récoltaient sur 5.563 hectares. La progression, toujours croissante, arrive à 9.715 hectares en 1864 ; 11.430 hectares en 1866, avec un rendement, pour cette dernière année, de 9.910.100 litres de vin ; puis, en 1872, à 13.312 hectares dont 10.069, établis par les Européens, ont fourni 22.784.000 litres de vin. D'après la dernière statistique, et en dehors des 7.000 hectares appartenant aux indigènes, 11.360 hectares ont produit en 1874, 22.899.400 litres. La progression ne s'est pas ralentie depuis.

Cette culture augmente, on le voit, d'année en année ; elle représente aujourd'hui *15,000 hectares à l'avoir des Européens et un rendement de 35 millions de litres ; soit le 1/100 de la production de la France.* Mais pour atteindre un résultat complètement satisfaisant, et faire à la Colonie une large part dans les fournitures de l'armée, il faut apporter du discernement dans le choix du terrain et des cépages, et se tenir en garde contre les *plants fins* qui, généralement, ne réussissent pas ; comme aussi contre le désir d'introduire les espèces de France dont la dégénérescence ne tarde pas à se manifester; l'expérience a prononcé, il importe d'en tenir compte.

En présence des ravages du phylloxera vastatrix dont rien, jusqu'à ce jour, ne laisse malheureusement entrevoir le terme, la viticulture algérienne, affranchie des atteintes du fléau, et protégée à cet égard dans la mesure du possible par les dispositions prohibitives des décrets des 8 janvier 1873, 30 novembre 1874 et 14 août 1875, peut s'assurer une source de richesse. « Dans quelques années, dit M. le comte d'Harcourt » dans son rapport sur l'Exposition de Vienne, l'Al- » gérie fournira du vin au monde entier. » Elle y parviendra, en donnant la préférence aux variétés du Midi, notamment de l'Espagne, comme le faisaient déjà les Arabes avant notre arrivée. Il lui faut encore s'occuper avec soin et intelligence de la préparation et de la conservation de ses produits. En un mot, pour faire fructifier leur espoir, les viticulteurs de la Colonie doivent s'inspirer des conseils de la science. A cet égard, il n'est pas inutile de rappeler ici les beaux travaux de M. Pasteur sur les maladies du vin, l'ascence ou acidité, la pousse, l'amer ou amertume, la graisse.

Le vin, semble-t-il, a une existence individuelle, une sorte de personnification vitale. Pour tout le monde, le vin n'est pas simplement un liquide, un aliment. Comme les êtres animés, *il est jeune, il est mûr, il est vieux, il est malade*. En effet, le vin est toujours en marche vers un état nouveau ; il a une évolution normale, attribuée longtemps à l'action réciproque de deux substances, le jus sucré du raisin et le ferment, matière végéto-animale.

Mais il n'en est rien ; le vin ne travaille pas de lui-même. Ses modifications successives et ses maladies sont dues à l'oxygène de l'air, à des parasites microscopiques venus du dehors, en un mot, il n'échappe pas à cette loi générale que les fermentations et les putréfactions sont exclusivement causées par le développement d'organismes infimes.

Ainsi se résument les découvertes de M. Pasteur. Pour stériliser les végétations parasitaires, il suffit de faire intervenir le feu ou plutôt la chaleur, en chauffant le vin de 50 à 60 degrés; ce traitement ne nuit en rien aux qualités du vin, *le bouquet, le fumet, la couleur*.

Le Tabac réclame également notre attention. Avant 1830, il se cultivait dans les environs de Bône, à La Calle, et dans la Mitidja. Aux espèces du Levant, alors les seules utilisées, les Européens en ont ajouté d'autres, après les essais faits en 1842, au Jardin du Hamma, sur des variétés originaires d'Europe, d'Amérique et d'Asie.

Le tabac réussit bien sous le climat de l'Algérie; ses produits sont largement rémunérateurs. Aussi voit-on sa culture prendre de vastes proportions. Les livraisons faites à la régie, limitées à 85.190 kil. en 1845, se sont élevées à 251.166 kil. en 1850; à 904.363 kil. en 1852; à 2.930 014 kil. en 1854, et à 6.469.175 kil. en 1859.

Mais à partir de 1860, la régie, très bienveillante jusque-là, ne tarda pas à repousser impitoyablement les variétés acceptées précédemment sans difficulté, ni observation. La mesure était peut-être fondée; seulement appliquée sans ménagement, elle a découragé les colons qui, au lieu de s'ouvrir de nouveaux débouchés, ont affecté leurs terres et leurs bras à d'autres cultures. Les champs de tabac sont allés en diminuant; ils sont descendus de 6.537 hectares en 1859, à 4.290 en 1860 et à 2.326 en 1861.

Trois ans plus tard, le tabac reprenait faveur. En

1864, 6.108 hectares ont donné 4.716.060 kil. dont 3.262.795 kil. ont été payés par la régie 2.275 714 franc. Cette culture a fléchi de nouveau, en 1866 et 1867, sous la pression des fléaux dont l'Algérie eut tant à souffrir. Mais elle se releva en 1872; 5.009 hectares ont procuré 3.025.340 kil. à nos 7.411 planteurs. Les livraisons faites à la régie, en 1874, ont atteint le chiffre de 4.800.000 kil. cultivés sur 6.460 hectares et rapporté 3.530.607 fr. aux producteurs au nombre de 9.000 environ.

Le tabac est, de toutes les plantes commerciales, celle qui donne le plus de bénéfice. Sa qualité s'est grandement améliorée sous l'influence de bonnes méthodes. Aux variétés adoptées, l'on pourrait ajouter les espèces cultivées dans les districts de Trébizonde, de Beyrouth et d'Andrinople. L'on devrait introduire dans la Colonie le yenidjé ou tabac du vizir, recherché pour son parfum et son exquise saveur; le lattakié, l'Abou-Rhéon et le Djebel qui procurent aux fumeurs de douces extases, sans occasionner les accidents cérébraux qu'amène l'usage du hachich.

Mais, une fois récolté, le tabac qui, en Turquie, donne lieu à un commerce de 28 millions, est très sensible aux influences de la chaleur et de l'humidité; il a besoin d'être aéré, fréquemment remué et, en même temps, abrité contre le soleil et la pluie. De l'oubli de ces conditions essentielles, de l'attention ou de la négligence à les observer, résultent des différences infinies dans la qualité des produits.

Les Graines et les fruits oléagineux sont encore une source abondante de revenu. La Colonie l'a compris depuis longtemps; elle a fait des essais sur *le sésame*, *la cameline*, *la navette*, *l'œillette*, *l'arachide* et *le lin;* elle s'en est tenue aux trois dernières de ces plantes ; le lin surtout a donné des produits rémunérateurs.

La culture du *lin* qui croît à l'état sauvage, s'était déjà constituée d'une manière régulière et normale en 1852 ; toutefois son extension date seulement de 1866, époque à laquelle elle couvrait 2.412 hectares et obtenait 1.599.259 kil. de graines.

Le lin a continué depuis à jouir d'une faveur marquée, bien justifiée du reste, par cette particularité que la graine de Riga, contrairement à ce qui se produit en France, ne s'altère pas en Algérie ; il y a là une aptitude bien précieuse, susceptible d'affranchir la métropole de la dépendance de la Russie et de la Sicile. La récolte de 1874 nous autorise à le dire ; 8.261 hectares ont produit 3.994.717 kil. de graines. Quand elle le voudra, la Colonie prendra une large part à la fourniture des quantités considérables de filasse dont la France a besoin chaque année.

N'oublions pas l'*olivier*, source oléifère par excellence, c'est l'arbre du pays, *la vache du Kabyle*. Il croît de lui-même ; l'Arabe en retire de grands bénéfices. En 1861, les 494.708 pieds greffés de la Division d'Alger ont produit 15.603.012 kil. d'olives.

Le lin et *l'olivier*, dont le rendement a une progression croissante, trouvent un vaste débouché en France où la consommation est obligée de s'approvisionner pour plusieurs millions de kil. dans le nord de l'Europe, en Espagne, en Italie et en Grèce. La récolte de 1873 a représenté une valeur marchande de 8 millions de francs. Mais il y a loin encore de ce chiffre à la production du Portugal, de l'île de Candie et des Calabres, dont la valeur totale annuelle est de plus de 37 millions de francs. Toutefois, notre Colonie est loin d'avoir dit son dernier mot à cet égard ; elle peut augmenter les récoltes d'olives par de nouvelles plantations et par la greffe. Elle doit s'occuper du ricin et introduire sur son sol de nouvelles espèces oléagineuses.

Les noyers et les noisetiers pourraient prendre possession des pentes de la Kabylie à la suite des nouveaux centres européens. Ils combleront les vides faits dans le boisement par les insurrections et les nécessités de la répression et de la conquête. Le pistachier, lui aussi, offrira ses fruits, et avec l'établissement des barrages-réservoirs, l'arachide pénètrera dans toutes les exploitations rurales.

Les vallées, les plateaux, bon nombre de côteaux des trois départements produisent DES FOURRAGES NATURELS d'une supériorité parfaitement reconnue aujourd'hui, mais dont la qualité varie selon le lieu de production. Ici, dominent les graminées ; là, les légumineuses. Ailleurs, légumineuses et graminées se présentent dans des proportions à peu près égales.

Cette richesse agricole constitue, depuis plusieurs années, un élément d'exportation ; mais là ne doit pas se borner son rôle ; elle doit aussi concourir à l'élevage du bétail. Il faut donc améliorer les prairies défectueuses ; arracher les mauvaises herbes ; extirper les broussailles ; combler les vides ; irriguer dans les limites du possible. Il faut aussi constituer des paturages sur des terrains précédemment cultivés, en aidant la nature par un peu de *semailles*, trèfle incarnat, ray-grass, lupiline. Dans les terrains médiocres, l'on peut utiliser l'anthylide vulnéraire ou trèfle jaune qui s'associe très avantageusement aux prairies à base de graminées ; cette plante augmente beaucoup le lait des vaches ; elle forme un excellent paturage pour les moutons ; le bétail en recherche les touffes. Il ne faut négliger, ni le maïs, ni le galium album, caille-lait blanc, plante fourragère vivace, — le bétail le mange avec avidité, — ni le moha de Hongrie qui donne un excellent fourrage, surtout pour les chevaux, et qui peut remplacer en partie l'avoine.

Nous n'avons encore rien dit DES FRUITS ; pourtant les arrivages soit de France, soit d'Espagne ou d'Italie sont déjà assez élevés pour fixer l'attention de la culture algérienne. Ils ont donné, en 1873, un total de plus de 7 millions de kil., excédant ainsi de près de 4 millions de kil. les importations de 1850. Le premier de ces chiffres se compose de 4 millions de kil. *de fruits frais*, de 2 millions *de fruits secs* et de 1 million de *fruits oléagineux*. Eh bien ! nous le demandons, notre Colonie n'est-elle pas assez largement dotée sous le double rapport du sol et du climat, pour répondre elle-même à sa propre consommation, et ce nouveau progrès ne sera-t-il pas aussi la conséquence du développement de la colonisation ? Poser la question, c'est la résoudre par l'affirmative. En effet, beaucoup d'arbres fruitiers réclament, pour réussir, altitude et chaleur tempérée ; nous pouvons citer, sans crainte de nous tromper, le poirier, le pommier, le pêcher, le cerisier, le maronnier, le chataignier et, dans un autre ordre, le groseiller, le cassis, le framboisier. Du reste, il suffit pour effacer tout doute à cet égard, de faire ressortir les résultats déjà réalisés à Médéa et sur d'autres points de l'Algérie.

Un autre arbre, trop laissé de côté selon nous, se recommande encore à l'attention des Algériens par sa rusticité et son utile intervention dans la nourriture de certaines catégories d'animaux de ferme. Il s'agit du *caroubier*, dont le fruit remplace l'orge, lorsque cette céréale atteint un prix élevé. La Colonie en tire chaque année des quantités considérables d'Espagne. Elle pourrait facilement s'affranchir de cette obligation en adoptant au besoin les bonnes variétés de la Turquie et du sud de la Russie.

La méthode *du renversement des branches* de M. J. Maître, recommandée par un savant professeur d'arboriculture, M. du Breuil, présente une idée nouvelle dont le colon algérien pourrait faire son profit. Grâce à cette innovation, on obtient sur une surface donnée un produit maximum des rameaux fructifères.

L'orange, le citron, la figue, la banane, la jujube occupent une large place dans les cultures algériennes ; seulement on ne leur donne pas toute l'attention désirable. Il serait possible d'en accroître le rendement en s'attachant à doter la Colonie des variétés qui font la fortune et la réputation d'autres pays. Les arbres fruitiers sont longs à venir et à produire ; c'est un peu la condition de la plupart des plantes vivaces ; mais nous ne travaillons pas uniquement pour le présent ; nos efforts ont aussi pour objectif les générations futures ; améliorer, améliorer sans cesse, est la grande loi de la nature, et l'on ne saurait s'y soustraire sans rétrograder certainement.

L'Algérie possède de belles orangeries ; celles de Blida et de Coléa comptaient, en 1852, 23.680 sujets d'un revenu annuel de 114.855 fr. Depuis, elles se sont considérablement accrues ; en 1864, les orangers en rapport étaient au nombre de 130.411 et ont donné 14.285.580 fruits.

Mais la Colonie a beaucoup à faire pour entrer en ligne avec les autres pays de production. L'exportation des îles de Candie et de Chio représente une valeur de 1.500.000 fr. La Sicile seule voit, chaque année, sortir de ses ports 1.200.000 caisses d'oranges ; enfin les îles Açores expédient, sur Londres seulement, 825 millions de ces fruits.

L'Algérie ne fait pas de fruits secs en dehors des

figues et des dattes ; mais elle aura à y penser le jour où la récolte en fruits frais étant de beaucoup supérieure aux besoins de la consommation, il y aura nécessité de l'utiliser autrement, sous peine de perdre une partie importante de revenu. L'on songera alors aux bonnes méthodes de séchage employées ailleurs. La Société d'agriculture d'Alger s'en est déjà occupée. Mais l'on devrait d'abord se décider à ne plus s'en tenir aux figuiers actuels, dont les fruits laissent énormément à désirer ; il y aurait avantage à adopter les variétés du midi de l'Europe, et surtout de l'île de Chypre dont les produits sont bien accueillis sur toutes les tables et constituent un élément considérable d'exportation.

Nous ajoutons, pour faire toucher du doigt le parti à tirer des fruits secs, que la province de Smyrne, l'île de Candie et les îles Ioniennes en livrent annuellement au commerce pour près de 22 millions de francs.

La Soie et la cire sont des produits agricoles ; l'abeille en butinant dans les prairies, le bombyx en vivant du mûrier se réclament naturellement du colon.

L'Algérie est dans d'excellentes conditions pour produire la cire, le miel et la soie. L'on peut fonder à cet égard de légitimes espérances sur sa position géographique. Comme le Portugal, l'Espagne, l'Italie, la Grèce, la Syrie, l'Anatolie et la Perse, notre Colonie est située dans la zone qui s'étend du 30e au 40e degré de latitude Nord.

La production de la soie, déjà pratiquée en 1837, n'a cessé de progresser jusqu'en 1854, année de l'apparition des maladies dont les magnagneries d'Europe ont eu tant à souffrir. Cette production, limitée à 88 kil. en 1848, était de 3.778 kil. en 1850 ; de 7.888 kil. en 1851, et de 17,277 kil. en 1853. Mais, sous la pernicieuse influence de la flacherie, une décroissance énorme s'est manifestée les années suivantes. 1856 ne donna que 3.874 kil. Les chambrées tentèrent de se reconstituer à partir de 1861 ; l'on en compta 116 en 1867 ; 305 en 1869 ; puis 174 en 1870, et en 1872, 87 seulement dont le rendement n'a pas dépassé 8.655 kil.

Mais grâce aux précieuses études de M. Pasteur, la sériciculture algérienne doit reprendre cette activité que nous lui avons connue en 1852 et en 1853, et s'efforcer de marcher parallèlement, dans un avenir assez prochain, avec Chio, Chypre, Candie, Smyrne et la Roumanie dont les soies représentent annuellement une valeur de plusieurs millions de francs.

L'apiculture est, de son côté, trop négligée. Les indigènes seuls possèdent des ruchers. Mais sous ce rapport, comme généralement dans toutes les circonstances de la vie, ils s'en remettent trop aux soins de la nature. Aussi l'Algérie ne peut-elle fournir à sa consommation tout le miel dont elle a besoin. Chaque année, elle est obligée d'en demander à la France, à l'Espagne, à la Tunisie et au Maroc.

Il y a là une branche susceptible de donner de beaux produits ; les essais faits en 1843 et en 1844, à Joinville près Blida, l'ont bien démontré. Il a été constaté aussi que les abeilles d'Afrique sont plus faciles à gouverner et d'un rapport plus sûr que celles de France. Les 2.279 ruches de l'arrondissement de Bône ont eu un rendement de 6.571 kil. de miel et de 1.939 kil. de cire.

Le Coton a eu dans la Colonie une période de prospérité. En 1837, il promettait beaucoup. Abd-el-Kader a songé à rendre cette culture à l'Algérie, où, d'après des auteurs arabes, elle florissait au moyen-âge. L'industrie du coton en Algérie remonte à une époque reculée, lors de la dispersion de cette plante dans le bassin de la Méditerranée à la suite de l'invasion arabe ; elle s'y maintint pendant plusieurs siècles dans l'intérieur de la province d'Oran ; mais, au moment de notre conquête, elle n'y existait plus.

Les essais faits en 1841, au Jardin du Hamma, ont été des plus encourageants ; aussi ont-ils déterminé un grand nombre de colons à tenter des expériences provoquées, d'un autre côté, par le prix annuel de vingt mille francs institué par le chef de l'Etat. La production du précieux textile a rapidement progressé de 1853 à 1866 ; elle est arrivée de 4,301 kil. à 744,158 kil.; elle avait été de 104,638 kil. en 1858 ; de 126,884 kil. en 1862, et de 494,307 kil. en 1864. En 1866, la production a atteint de 8,000 à 9,000 quintaux métriques.

Les cotons algériens ont figuré avec honneur à l'Exposition universelle de Londres.

Un brillant avenir semblait, sous ce rapport, réservé à l'Algérie. On la voyait déjà s'avancer parallèlement avec l'Egypte, les Indes-Orientales et l'Amérique, et leur disputer les marchés d'Europe. De nombreu es machines à égrener étaient en œuvre. A la vérité, les Etats-Unis étaient aux prises avec la guerre civile. Le Général Lee batttait à chaque rencontre les contingents du Nord. Les anti-esclavagistes n'avaient pas encore à leur tête celui qui, plus tard, est devenu le président Grant. Les plantations étaient délaissées ; la guerre de la sécession dominait la situation. Mais la désillusion ne se fit pas attendre. A partir de 1867, nous constatons des diminutions permanentes dans les cultures qui, cette année-là, sont tombées à 376,982 kil. ; puis à 271,479 kil. en 1871 et à 156,520 kil. en 1874.

On cultive encore dans la province d'Oran le coton

longue soie et le coton courte soie ; mais cette culture est en pleine décroissance.

Nous n'avons pas l'intention de faire la monographie du coton ; mais nous aimerions connaître et indiquer la cause réelle de l'insuccès. La culture du coton n'avait-elle pas pris racine dans la Colonie ? ou plutôt n'y avait-on pas procédé avec assez de discernement et par un choix suffisant des terres et des expositions ? Une fois fixé sur ce double point, le colon saurait s'il doit ou non renoncer à une culture qui, ailleurs, est une mine, nous ne dirons pas seulement inépuisable, mais encore plus riche d'année en année. A cet égard, nous allons citer des chiffres d'une conclusion irrésistible. En 1736, le coton était en Amérique une plante d'agrément ; mais *14 ans après*, il changeait de caractère et fournissait en 1790 *80 balles à l'industrie*. Tout le monde connaît le vertigineux développement de sa production qui se traduit en 1853 por 3,200,000 balles et en 1873 par 3,930,000 balles.

En Asie, le rendement du coton est aussi très remarquable ; les Indes anglaises en ont fourni, en 1872, pour, 531,810,750 fr. à l'exportation.

Du reste, de Tuggurth à Ouargla, l'ont pourrait tenter, avec chance de succès, la culture d'un coton supérieur ; les résultats obtenus par l'agha de la première de ces villes permettent de le croire. Nous empruntons à cet égard un passage au dernier journal de route de M. Largeau. « Dans l'après-midi (1er décembre 1875), l'agha nous conduit dans ses jardins » où nous voyons de belles plantations de coton. Les » graines sont de deux provenances du Tell : (province » d'Oran) et du Soudan. Les terrains de l'Oued Rhir, » mis en culture, seraient une source d'immenses richesses. Ce serait un acheminement vers le Soudan

» qui peut devenir pour nous, si nous le voulons, ce » que sont aujourd'hui les Indes pour les Anglais. »

Le coton n'est pas du reste le seul produit à l'endroit duquel tout s'est borné en Algérie à des essais plus ou moins prolongés ; nous pouvons encore citer *la cochenille* et *la garance.*

La garance vient ici à l'état sauvage, et les récoltes de 1851 à 1854 ont été reconnues supérieures aux provenances de l'île de Chypre, au double point de vue de la qualité et du prix de revient. Malgré des conditions aussi favorables, cette culture a été abandonnée. Il en a été de même de la cochenille, importée d'Espagne par M. Simounet aîné, l'un de nos pionniers de la première heure. En 1853, l'on comptait 500,000 pieds de nopal, et le produit obtenu tenait le milieu entre les similaires d'Amérique et des Canaries. Pourtant on ne s'en est plus occupé à compter de 1865.

Mais nous nous hâtons de le dire, il ne faut pas avoir trop de regret à cet égard, en présence des tendances de plus en plus marquées de l'industrie à substituer aux teintures végétales l'aligarine artificielle, la safranine et les autres couleurs tirées de la houille, du goudron et des métaux.

Sera-t-on plus heureux avec *la ramie* et *la canne à sucre,* dont il est grandement question de doter la Colonie ? L'expérience semble répondre : oui. « Si l'Al- » gérie n'a pu lutter avec les Etats-Unis pour la » production du coton, dit M. le comte H. de Malartic, » il n'en sera pas de même pour la ramie ; les succès » obtenus dans le midi de la France nous permettent » de l'affirmer. »

La ramie ou ramié — (ou encore china-grass, urtica, bœhméria, car l'on est loin d'être fixé sur le véritable nom de cette plante originaire de la Chine) — végète admirablement en Algérie ; elle s'y reproduit, s'y multiplie avec une facilité étonnante ; partout elle donne à souhait. Il s'agit maintenant d'arriver à une décortication pratique, et d'approprier à la filature les fibres longues et brillantes ; là, est le problème. On s'en occupe en Amérique, en Angleterre et en France.

Les filaments de la ramie ont une solidité double de celle du chanvre. En Asie, en Océanie, on les emploie pour la confection, soit des cordages, des filets, des toiles à voile, soit des tissus recherchés. Ce textile, dont l'écorce est riche en tannin, a aussi de précieuses qualités insecticides. Sa propriété de délivrer les arbustes voisins de tous parasites est utilisée avec succès en Egypte contre les petis lépïdoptères du cotonnier. Des essais vont être tentés contre le phylloxera.

Ne pourrait-on pas faire aussi des essais sur le *yucca*, cultivé aux Etat-Unis, dont la filasse blanche et lustrée est plus résistante, plus légère et plus fine que celle du chanvre.

La canne à sucre est cultivée avec succès dans le sud de l'Espagne où elle a été introduite par les Sarrasins. Elle réussirait également en Algérie, si l'on apportait soin et discernement à sa plantation ; nous n'en voulons pour preuve que les résultats obtenus par la Compagnie Debrousse sur la ferme du Tremble.

Mais il ne faut pas songer à utiliser à ce point de vue, comme le propose M. Bossu dans une récente brochure, les parages de Biskra, Bouçaâda et El Aghouath, trop directement exposés au sirocco et où surtout des nuits excessivement fraîches succèdent à des journées très chaudes. La canne à sucre ne saurait se plier à des variations si considérables de température. Les eaux saumâtres lui seraient également contraires.

La canne à sucre ne donne pas seulement du sucre, mais aussi de l'alcool, et c'est même de cette façon que les Espagnols l'exploitent le plus généralement.

L'on devrait également reprendre la culture de *l'arbre à thé* du moment où les premiers essais, comme on nous en donne l'assurance, n'ont pas été sans laisser concevoir des espérances. Le prix élevé de la main-d'œuvre étant la principale cause, pour ne pas dire l'unique, du délaissement de cette plante, il serait possible d'y suppléer, croyons-nous, par la vapeur.

La culture du thé, acquise aujourd'hui à la Chine, au Japon, à l'Himalaya, à Java et au Brésil, réussirait dans la Colonie ; elle donnerait qualité et quantité et deviendrait importante à n'en pas douter. Il ne faut pas oublier que l'Angleterre consomme annuellement 40,000,000 de kil. de thé; que la Russie en reçoit de très grandes quantités par Kiaghta et Ourgha, et qu'il en a été importé par le canal de Suez, en 1874, 39,150,000 kil. de *Chine* et 8,100,000 kil. de Calcutta.

Nous ne voulons pas nous taire sur le *ricin*, dont l'huile est employée pour le graissage des pièces mécaniques de préférence à toutes autres. L'Algérie, son pays par excellence, pourrait en tirer un fructueux parti et même se substituer à l'Espagne et à l'Italie en possession, en quelque sorte, du monopole de cette culture. Les exportations de l'Italie s'élèvent à 18 millions.

L'élève du BÉTAIL constitue avec le labourage et la vigne les mamelles de la Colonie. Sous cette dénomination, nous entendons tout à la fois, *les chevaux* et *le bétail proprement dit*.

Nous nous occuperons tout d'abord de la *race chevaline* qui, sous le climat de l'Algérie, donnerait de magniques résultats, si colons et indigènes rompaient avec des errements doublement préjudiciables à leurs intérêts et à ceux de l'Etat. La race barbe est manifestement abâtardie ; l'on est généralement d'accord à cet égard, et une brochure du secrétaire-adjoint de la Societé d'agriculture, M. Bonzom, le démontre jusqu'à l'évidence, tout en indiquant le moyen de remédier à un état de choses qui ne saurait se prolonger sans ruiner entièrement une branche pourtant importante de l'industrie agricole. Nous cédons la parole à M. Bonzom :

« Le cheval arabe s'est si profondément déformé » dans ce pays, qu'il est difficile de ne pas croire qu'il » a dû en résulter une perturbation dans ce qui anime » tous les rouages de la machine animale. Il est » évident que la race est appauvrie, et qu'on ne peut » trop compter sut les qualités régénératrices du » sang.....

« La question du sang est une de celles qui ont » été le moins comprises par la plupart des éleveurs, » et pourtant elle mérite d'être élucidée, parce qu'elle » est de l'ordre le plus élevé, et que c'est d'elle que » dépend l'avenir tout entier de la race.....

« Le barbe, comme tous les chevaux au pouvoir des » enfants d'Ismaël, étant de provenance orientale, » nous reculerions devant la nécessité d'infuser un » peu de sang d'origine pure..... alors que l'Europe » entière, frappée de la puissance amélioratrice du pur » sang, n'a reculé devant aucun sacrifice pour se » l'approprier.....

« Une ou deux familles de race pure importées » pourraient devenir la souche d'une race nouvelle » dont un *Stud Book*, soigneusement tenu, relaterait » les documents généalogiques. »

Nous nous associons à ces conseils et nous applaudissons volontiers au patriotique appel adressé aux éleveurs.

« Algériens ! ne l'oubliez pas ; un beau rôle vous est » réservé : produire et élever le bon cheval de selle.

« C'est pour vous le meilleur moyen de vous montrer dignes des sacrifices de la mère-patrie. »

Mais il ne s'agit uniquement là que du cheval de selle, propre surtout au service des armes. Il faudrait créer une race de chevaux en vue des travaux agricoles, et c'est pour y arriver que le gouvernement a autorisé, il y a quelques mois, l'achat d'étalons du Perche. Les hommes spéciaux voient dans cette mesure un danger pour l'avenir du cheval arabe, si les saillies n'étaient pas rigoureusement limitées aux juments d'Europe.

L'on ne doit donc plus s'étonner de la constante diminution des exportations de chevaux ; elle s'est manifestée en 1865, mais elle a été surtout sensible à partir de 1868. La remonte de la cavalerie algérienne n'est pas restée étrangère, nous le savons, à ce résultat. Cependant, elle n'aurait pu seule, en dix ans, de 1864 à 1873, faire descendre les exportations de 1.702 sujets à 190. Il y a là un mal auquel il est essentiel de remédier au plus tôt.

Les Sociétés hippiques concourront largement à ce résultat, si leurs efforts sont secondés par l'extension à l'Algérie des dispositions de la dernière loi sur les haras.

La situation *du gros bétail et des animaux de la race ovine* laisse aussi à désirer. Cependant les immenses étendues de parcours dont disposent les indigènes leur permettraient de tirer un bon parti des besoins du continent européen.

Les troupeaux indigènes ont été, il est vrai, décimés à l'époque de la famine ; l'effectif en a été réduit au moins du tiers dans la période de 1867 à 1872 ; nous donnons ci-après, pour chacune de ces deux années, le contingent des différentes races d'animaux de ferme et de pacage. Depuis, ils ont été encore éprouvés, soit par les maladies, soit par les rigueurs de la saison. L'hiver dernier surtout, la mortalité a été considérable au milieu des tribus ; c'est le résultat de l'indolence, de l'imprévoyance de l'Arabe qui ne construit pas d'abri, ne fait pas d'approvisionnement de fourrage pour ses bestiaux. L'indigène est pasteur, mais non dans la véritable acception du mot ; le fanatisme préside trop à ses déterminations.

Ces calamités ont pesé exclusivement sur les indigènes, dont le matériel agricole a perdu 300.000 fr. de sa valeur ; il est tombé de 1.800.000 fr. à 1.500.000 fr. en chiffres ronds. Le contraire s'est produit, dans de larges proportions, chez les Européens ; leur matériel a acquis une plus-value de trois millions de francs, et leurs troupeaux se sont accrus de 46.809 têtes. « Soi» gner son bétail c'est soigner sa bourse, dit maître » Jacques. »

La pénurie en gros bétail de boucherie est devenue telle que la Colonie a dû, pour assurer sa consommation, s'approvisionner au Maroc et en France. Elle en a reçu 988 têtes en 1871 ; 40 en 1872 ; 1.793 en 1873 et 3.036 en 1874.

RACES	QUANTITÉS EXISTANT EN	
	1867 (têtes)	1872 (têtes)
Chevaline	203.681	127.946
Mulassière	157.024	129.209
Asine	224.866	120.567
Chameaux	183.754	178.642
Bovine	1.114.061	815.868
Ovine	8.453.782	5.928.687
Caprine	3.421.374	2.797.939
Porcine	51.455	68.969

Nous ne tarderons pas, il faut le penser, à voir la création de nouveaux villages imprimer un grand développement aux productions de l'espèce. Les colons, installés dans les montagnes, pourront s'en occuper avec avantage. D'un autre côté, les chemins de fer d'intérêts locaux et l'exploitation de l'alfa ou sparte, amélioreront les conditions faites en ce moment par la nature du sol et l'insuffisance des voies de communication aux éleveurs des hauts plateaux. M. Charrier s'exprime ainsi, sur ce point, dans sa brochure publiée l'année dernière et intitulée l'*alfa* :

« Rien ne sera changé aux conditions d'existence » des troupeaux, et comme ils auront alors la sécurité, » comme ils ne seront plus soumis aux migrations » précipitées, aux longues marches qui tuent les » agneaux et font périr ou avorter les brebis ; comme, » en étendant les ressources en eau, nous augmente» rons le nombre et la superficie des pâturages acces» sibles (la limite extrême du pâturage autour d'un » puits est de deux jours de marche, puisque, en été, » le mouton doit boire au moins tous les quatre jours); » comme, en cas de disette, ils pourront avoir, par les » voies ferrées, des ressources ; en cas de maladies, » des secours médicaux ; en cas d'attaque, une protec» tion ; on peut être asssuré qu'ils prospèreront, d'au» tant mieux que les animaux acquerront par la seule » présence de la ligne une plus-value immédiate con» sidérable et que leurs propriétaires en auront par » conséquent plus de soin. C'est alors que se réalisera » le désideratum des promoteurs de notre occupation » dans le Sud, qui consistait à faire de nos hauts pla» teaux des parcs analogues à ceux de l'Australie. Les » troupeaux seront dans le Sud, au milieu de nos » exploitations, ce qu'ils sont en France dans nos

» propriétés lorque de tous les cotés on travaille, ni » plus ni moins gênants, ni plus ni moins gênés. »

L'on est amené tout d'abord à envisager ces espérances comme un mirage, lorsque le regard se porte sur la *Nouvelle-Galles du Sud* dont les troupeaux, répandus sur d'immenses espaces, comptent plus de 25 millions de têtes. Evidemment encore, les desiderata rappelés dans la brochure de M. Charrier paraîtront d'une réalisation à peu près impossible si l'on s'abstient de toute réflexion sur les terres australiennes, et si l'on garde le silence sur les difficultés qu'a éprouvées la Grande-Bretagne avant d'en faire cette contrée la plus avancée sous le rapport de la production lainière.

Mais les craintes se dissiperont bientôt si, historien impartial, l'on parle de la longue période de souffrances, d'efforts et de sacrifices qu'a traversée l'Australie avant de devenir ce pays d'une richesse proverbiale ; si surtout l'on inscrit à l'actif de nos possessions du nord de l'Afrique leurs luttes contre un système d'entraves de triste mémoire.

L'Australie date de 1787 ; elle a aujourd'hui 87 ans, il ne faut pas l'oublier. Durant les 64 premières années, la colonisation n'a pas été plus rapide qu'en Algérie. Toutes ces circonstances permettent donc de bien augurer des destinées réservées à notre Colonie. L'extrait suivant du dernier exposé de la situation de l'Algérie justifie nos espérances : « En 1869, les agriculteurs al- » gériens, tant européens qu'indigènes, ne possédaient » que 7.800.000 têtes de bétail, tandis qu'à la fin de » 1874, le recensement accusait un chiffre de près de » 15 millions d'animaux. » . . . . .

Mais, en même temps, les éleveurs algériens ne doivent pas laisser exclusivement à l'extension que prendront un jour les pacages le soin du développement de leurs troupeaux ; ils doivent aussi y concourir à l'aide de variétés estimées pour leur fécondité exceptionnelle, leur chair et leurs toisons. Sans prétendre indiquer le choix à faire à ce sujet, nous désignerons une race de brebis bretonne dont chaque portée donne le plus souvent *deux* et parfois *trois* agneaux d'une bonne venue certaine. Nous rappellerons aussi les heureux résultats déjà obtenus en Algérie par les croisements des mérinos. Colons et indigènes doivent y recourir, afin d'améliorer, tout à la fois, la viande et la laine, deux éléments importants de la richesse agricole ; car si les boucheries d'Europe sont des clients assurés, les fabriques de tissus, notamment de draps et de couvertures, offrent également un placement fructueux aux toisons ; ce placement sera d'autant plus facile et rémunérateur que le produit présentera simultanément souplesse, finesse et solidité.

Il faut aussi pratiquer la castration, opération sans laquelle on ne saurait combattre avec fruit l'abatardissement des races.

Notre insistance, sur tous ces points, se justifie par notre ardent désir de voir l'Algérie utiliser dans toute leur étendue les sources de revenu dont la nature l'a si largement pourvue ; et pour la mettre à même de juger par comparaison de l'importance de ses troupeaux, nous croyons opportun de rappeler les réserves en gros bétail et en moutons de quelques pays de production.

	RACES	
	Bovine (tête)	Ovine (tête)
République argentine..	»	75.000.000
Russie d'Europe........	»	65.000.000
Angleterre..............	5.964.540	29.427.635
Nouvelle Galles du Sud.	»	25.000.000
France................	11.284.000	24.707.000
Italie..................	»	9.000.000
Irack..................	»	6.165.000
Suisse................	872.000	»

Le maïs offre le moyen de se ménager des approvisionnnemets ; « c'est le fourrage le plus utile à l'a-» limentation du bétail, dit M. Dupressoir, dans les » pays où le cultivateur a affaire à des terrains secs. » Depuis quelques années, en effet, on a, dans les » départements du Centre notamment, suppléé à la » disette des fourrages au moyen du maïs, coupé à » l'état vert et conservé en silos. Employé de la sorte, » le maïs a rendu aux éleveurs de la région dont il » vient d'être parlé des services analogues à ceux que » rend la betterave aux cultivateurs du Nord. »

L'ensilage et la culture du maïs ont produit dans le monde agricole une véritable révolution. Cette plante permettra de doubler, avant dix ans, le nombre des animaux de ferme. Mais il faut, avant tout, étudier la question de l'ensilage ; nous cédons à cet égard la plume à M. Goffart, cultivateur habile de la Sologne :

« Le silo doit, autant que possible, être ouvert » dans un sol argileux ; il aura dix mètres de long, » deux mètres de large et une profondeur de deux » mètres. Il doit être revêtu de murs en maçonnerie de » demi-briques d'épaisseur, rejointes en ciment, et » j'en ai garni le fond d'un carrelage également » cimenté.

» Les parois sont verticales et non inclinées ; cela » me paraît plus rationnel ; la pression s'exerçant » verticalement, les parois inclinées me semblent » aller contre le but qu'on doit se proposer, *faciliter* » *et non entraver le tassement.* »

Voilà pour la construction du silo. Quant à l'ensilage, voici comment procède M. Goffart : Il fait amener sur le bord du silo son hache-maïs qui débite des rondelles de un à deux centimètres de longueur, — dimension qui donne au maïs ensilé l'apparence d'une pulpe compacte, le réduit au moindre volume, et ne permet pas à l'air de rester logé entre les morceaux, ce qui arrive quand ces morceaux sont plus longs ; — puis le maïs hâché est étendu à mesure et foulé par deux personnes jusqu'à ce qu'il déborde la maçonnerie d'environ 40 centimètres.

« Cette partie qui déborde, ajoute M. Goffard, » tassée comme le reste, est disposée à dos d'âne, » recouverte d'une légère couche de paille longue, » puis de 40 centimètres de terre forte énergiquement » damée.

» Je fais ensuite surveiller le tout pendant plusieurs » jours, afin de reboucher à mesure les fissures qui » peuvent se produire, et d'empêcher que le tassement » ne détermine un vide entre la couverture en terre » et la matière ensilée, ce qui aurait de graves incon- « vénients. »

M. Goffard a soin de mélanger le maïs frais qu'il veut ensiler avec un cinquième environ de paille. Il hâche en même temps la paille et le maïs, qui se trouvent ainsi parfaitement mélangés au sortir de l'instrument. Les engreneurs qui alimentent le hâche-paille ont toujours sous la main des pailles déliées et en ajoutent plus ou moins au maïs, selon que ce dernier arrive du champ plus ou moins humide.

L'ensilage du maïs a donné en Algérie de bons résultats. Les essais tentés à Oued-el-Alleug, sur la propriété de M. Arlès-Dufour ont été concluants. N'y a-t-il pas là, dit un rapport adressé à la Société d'agriculture d'Alger, le moyen « pour la Colonie de » reconstituer ses troupeaux gaspillés et abatardis » par l'incurie séculaire des indigènes? »

Un tubercule, originaire de l'Amérique du Sud, *le topinambour,* peut, de son côté, prêter un vrai concours aux éleveurs. Il se plante comme la pomme de terre dont il est le succédané. Il vient dans les terrains médiocres; il n'est sujet à aucune maladie. Ses tiges et ses feuilles vertes sont recherchées par le bétail.

Les tribus fournissent aussi à la consommation d'assez grandes quantités *de volailles ;* il n'est donc pas sans intérêt d'indiquer des remèdes contre les maladies des basses-cours. Nous laissons sur ce point la parole au *Journal des campagnes :*

« La maladie, *dite choléra des volailles,* se combat » à l'aide du sel de nitre, remède tout à la fois pré- » ventif et curatif. On administre ce sel à raison de » 25 à 50 grammes par jour et par animal, en disso- » lution dans leur boisson ou mieux mêlé à de la pâtée » en boulettes dont chacune contiendrait la dose de » sel.

» On recommande aussi la *pariétaire,* riche en » nitrate de potasse (*parietaria officinalis*), et vul- » gairement *paritoire, casse-pierre, perce-mu- » raille, épinard de muraille, herbe de Notre- » Dame;* on la pile et la mélange à la nourriture ou » on en extrait le jus pour le combiner à la pâtée et à » la boisson.

» Le moyen le plus simple pour détruire les poux » de la volaille consiste à bien nettoyer le poulailler, à » le blanchir à la chaux, puis à saupoudrer, à deux » reprises, à quelques jours d'intervalle, les volailles » avec la poudre de pyrèthre, connue sous le nom de » poudre insecticide. »

Nous sommes loin de l'époque où le mot *Forêts* provoquait, à l'endroit de l'Algérie, sourire et haussement d'épaules. Les 2.257.272 hectares dont l'existence est maintenant bien constatée, ont eu raison du doute et ont suffi à convaincre les plus incrédules. Ils se décomposent ainsi au point de vue des essences de peuplement :

Pins d'Alep	693.839	hectares.
Cèdres	34.659	—
Chênes vert	551.655	—
Chênes liège	483.711	—
Chênes zéen	96.005	—
Essences diverses et dunes	397.403	—
Total	2,257,272	hectares.

Cette surface boisée est inégalement répartie dans les trois départements; celui de Constantine est le plus richement partagé; il compte 1.117.777 hectares formés surtout des immenses forêts de La Calle, des bois des Beni-Salah et de l'Edough; des forêts de Batna, de Frudeck et de Djidjelli. Vient ensuite le département d'Alger dont la constitution forestière s'exprime par 451.915 hectares; puis celui d'Oran qui en possède 687,580.

« Si le sol forestier s'est peu à peu appauvri en » Afrique, dit M. Ducuing, c'est aux hommes seulement qu'il faut s'en prendre. Noublions pas que les » Arabes, comme leurs devanciers les Numides, sont » un peuple nomade par excellence. Vivant sous la » tente, ils n'ont jamais eu d'autre souci que de prendre d'une localité où le hasard les poussait, les » ressources immédiates, semblables en cela à tous » les barbares qui coupent un arbre pour en avoir le « fruit. Les soins de l'habitation leur étant inconnus, » l'arbre, ce symbole de la propriété, a partout disparu » sur leur passage. Lorsqu'il a résisté à la dent » meurtrière des troupeaux, l'incendie en a eu raison; » l'incendie qui fait l'herbe plus épaisse pour le » pacage. »

La déplorable habitude de créer des paturages par le feu, a occasionné des désastres en 1863 et en 1865 dans les forêts de chênes-lièges. *En 1873, 177 incendies ont ravagé 75.313 hectares de bois, de broussailles et d'oliviers greffés.* Pour couper court au mal, la loi du 17 juillet 1874 a dû établir, entre autres mesures, la responsabilité collective.

« Les Turcs, fait remarquer M. Baude, n'ont » pris qu'une seule mesure forestière. Toutes les fois » que le feu prenait dans certains bois considérés » comme susceptibles de fournir des matériaux à la » marine, les tribus, sur le territoire desquelles ils » étaient situés, étaient tenues d'apporter une tête qui » était réputée celle de l'auteur de l'incendie. »

Les forêts de la Colonie renferment *le chêne liége, le chêne zéen, le chêne ballotte, le chêne vert, le pin, le cèdre, le thuya, l'orme, le frêne, le lentisque, l'olivier.*

A ces essences, propres aux constructions, au chauffage et à l'ébénisterie, l'on pourrait ajouter *le chêne truffier* qui s'accommode des terres les plus ingrates. « Cet arbre, dit M. Jacques Valserre dans son traité de » la culture lucrative de la truffe, tout en concourant » au reboisement, donnerait, *au bout de dix ans,* » dans les plus mauvais terrains, un revenu de 500 » fr. par hectare. » Il cite le mont Ventoux, complètement dénudé, dont l'aspect était des plus tristes, qui, ensemencé de glands, s'est couvert d'une belle végétation et a commencé à donner des truffes *après la cinquième année.* Ce mode économique de boisement se recommande à tout le monde, à l'Etat, aux communes et aux particuliers.

L'eucalyptus, par sa croissance rapide et ses nombreuses variétés, se prête aussi au reboisement. MM. Cordier et Trottier dont l'opinion fait autorité, conseillent particulièrement *l'eucalyptus globulus* pour les plantations forestières, sans toutefois laisser de côté les eucalyptus resinifera, red-gum, pendulosa et une vingtaine d'autres d'importation plus récente.

De plus, l'eucalyptus purifie l'air ; « des faits positifs

» ont démontré, fait observer M. le docteur Amédée » Maurin, que les fermes qui en étaient entourées » jouissaient d'une immunité réelle et voyaient dispa- » raître les fièvres intermittentes. » Ce résultat a été constaté par le capitaine Ney, dans les plaines de Bône et d'Aïn-Mokra ; par M. Rivière sur tous les points où la Société algérienne a utilisé cette essence si précieuse sous le double rapport de l'hygiène et du commerce. A ces deux points de vue, la Société d'acclimatation indique aussi le *niaouli de la Nouvelle-Calédonie (malénia leucadendron)*, autre préservatif des émanations paludéennes, et qui, par son écorce aux couches épaisses et feutrées, paraît échapper à l'action des incendies.

L'eucalyptus, ajoute M. Trottier dans une récente publication, offre encore un revenu certain, élevé et à échéance relativement peu éloignée. Un hectare d'eucalyptus, plantés dans de bonnes conditions, donne

à 5 ans — 1.200 fr.
à 10 ans — 7.670 fr.
à 15 ans — 14.728 fr.

Pour les plantations ordinaires, l'on recommande *le saule* et *le blanc de Hollande*, dans les lieux humides et le long des ruisseaux ; *l'acacia* dans les terrains secs, *le platane*, dans les terres légères ; *l'ormeau* dans les sols frais. *Le bambou*, ce trésor de la Chine, vient partout ; ce roseau, très rustique, résiste à tous les climats. Il ne craint ni les chaleurs excessives, ni les froids rigoureux ; il croît très vite ; c'est la providence du Céleste-Empire où chaque ferme en a une plantation. Il se prête à de nombreux usages : *conduites d'eau, clôtures, nattes, papier, chapeaux, vêtements d'été, échelles, cordes, écrans, éventails, vannerie*, etc. Les jeunes pousses se mangent soit en guise d'asperges, soit en salade, soit, comme assaisonnement au lieu de champignons ; le poisson gratiné au bambou est un mets fort recherché. Sous forme de sifflet, le bambou sert encore à protéger les récoltes contre les oiseaux ; muni d'ailes en papier, et lancé dans l'espace au bout d'une ficelle, il produit des sons semblables à ceux des sifflets de machines à vapeur.

« Je suis entièrement convaincu, dit M. Moll dans » son livre sur l'Algérie, que c'est en grande partie » à la rareté des forêts que sont dus la sécheresse du » climat pendant une partie de l'année, l'insalubrité » de plusieurs points, les crues si fortes et parfois si » subites de l'automne et de l'hiver, le tarissement » de beaucoup de sources, et, par suite, de plusieurs » cours d'eau pendant l'été. »

Le déboisement amène certainement les inondations ; les récents désastres du S.-O. de la France en sont une dernière preuve.

M. Trottier n'est pas moins explicite dans sa météorologie forestière : « Des diverses expériences dont je » viens de faire l'analyse, il résulte clairement que » les forêts aménagent les sources, accroissent la » quantité d'eaux pluviales, diminuent l'évaporation » du sol et tendent à régulariser les climats.

« A quelque point de vue qu'on l'envisage, la » question du reboisement est une affaire capitale pour « l'Algérie.

« C'est par sa réalisation que bien des problèmes » seront résolus. L'ombre, l'assainissement, la pro» duction plus sûre des récoltes, car les courants » atmosphériques, arrêtés ou ralentis, c'est l'humidité » conservée au sol ; enfin la production du bois, si » nécessaire à tous les besoins de la vie agricole et » qu'il importe de créer sur place au plus vite et à bas » prix. »

Empruntons encore le passage suivant à l'intéressante revue hebdomadaire du docteur E... P... « Les » préservatifs les plus efficaces contre les inondations, » ce sont les forêts. Outre qu'elles offrent à l'évaporation une surface considérable, les arbres retiennent » sur place une grande partie des eaux pluviales, » extraient du sol une portion de celles qui l'ont pénétré et la rejetent, sous forme de vapeur, dans » l'atmosphère. Ils contribuent de la sorte à régulariser le régime des cours d'eau et les empêchent de » de prendre le caractère torrentiel. ».

Nous ne saurions trop insister sur la nécessité, pour nos possessions du nord de l'Afrique, de consacrer leurs soins au reboisement. Elles y sont sollicitées à divers points de vue. Les forêts amèneraient des modifications dans la température estivale; elles réduiraient les dommages causés par le siroco, et, en ménageant les pluies, dans la période de mai à octobre, ces forêts rendraient possibles des cultures interdites par une sécheresse persistante de plusieurs mois. D'un autre côté l'Algérie, qui fournit des traverses à nos chemins de fer, arriverait à intervenir dans les fournitures de bois de charronnage et de construction.

INDUSTRIE

Durant bien des années, l'industrie algérienne a été à peu près exclusivement agricole ; les travaux d'usine et d'atelier ont été la suite et la conséquence des travaux des champs. Les éléments de l'agriculture se bornaient alors aux fourrages, à deux céréales (le blé, l'orge) et aux tabacs. Ce cadre, si limité, s'est étendu successivement. Il a embrassé plus tard l'avoine, le seigle, mais dans une mesure relativement faible ; puis le lin, dont les produits sont suffisamment rémunérateurs ; cette culture prendra de plus grandes proportions le jour où il sera possible de tirer parti de la filasse. La question est à l'étude ; les essais tentés, les résultats obtenus à cet égard sont réellement encourageants.

Sont venues ensuite les productions maraîchères ; limitées dans le principe aux besoins de la consommation locale, elles ont bientôt pris un rang marqué, grâce au beau climat de l'Algérie, dans le commerce des primeurs ; les pommes de terre hâtives, les artichauts, les petits pois et les choux-fleurs réclament chaque année de nouveaux terrains.

Le bétail a commencé plus tard à constituer aussi une source de revenu ; seulement les Européens ne lui donnent pas toute l'attention désirable ; car, comme l'a très bien dit M. Hardy dans une intéressante revue agronomique, « *jusqu'ici l'Arabe a été le seul éleveur » de bétail ; ce que les colons ont pu faire en ce » genre passe à peu près inaperçu.* » Toutefois, les dispositions se modifient sous ce rapport d'une manière sensible. Certains détenteurs du sol travaillent à produire la viande de boucherie ; ils se louent de leur détermination.

La viticulture a eu son tour ; ses produits sont estimés. Le jour n'est sans doute pas éloigné où ils pourront, sur une grande échelle, entrer avec succès en concurrence avec les vins d'Europe.

L'Algérie a aussi abordé d'autres branches d'industrie. A la pêche du poisson, du corail et des éponges, elle a successivement ajouté des ateliers de salaison, des savonneries et des verreries ; des fonderies, des fabriques de tabacs, de bouchons, de pâtes alimentaires et de chocolat ; des salines ; des chantiers de constructions maritimes ; des tanneries ; des usines pour la préparation du lin et pour l'apprêt des tissus ; des moulins à huile et à farine ; des fabriques de crin végétal, des ateliers de tonnellerie et de foudrerie ; l'exploitation de l'alfa, des essences, de la résine ; des ateliers d'ébénisterie dont les ouvrages en thuya sont appréciés.

Nous citerons pour mémoire les industries des israélites et des musulmans dont le principal objet est le tissage des passementeries et des étoffes (haïcks, burnous, tellis, tapis), comme aussi la préparation des cuirs et des peaux pour chaussure et autres articles de sellerie et de fantaisie.

Cependant, les tentatives faites pour doter l'Algérie de nouvelles sources de bien-être n'ont pas toutes réussi ; les unes ont complètement échoué ou laissent beaucoup à désirer ; d'autres continuent à ne donner que de médiocres résultats. Toutefois, prise dans son ensemble, l'industrie algérienne progresse toutes les années et il est permis de bien augurer de son avenir. Aidée des découvertes de la science, elle peut considérer son domaine comme n'ayant pas de limite.

Mais pour se développer d'une manière satisfaisante sur tous les points du territoire, l'industrie a besoin de pouvoir écouler vers le littoral ses éléments d'échange. A défaut de fleuves, de rivières ou de canaux utilisables dans ce but, l'Algérie est obligée de recourir aux transports par terre qui nécessitent la création de routes ou de voies ferrées. L'expérience a prononcé sur l'utilité des chemins de fer. Les lignes d'Alger à Oran, et de Constantine à Philippeville, en démontrent tous les jours les avantages ; aussi travaille-t-on à en augmenter le nombre, en vue particulièrement de l'exploitation des immenses terrains d'alfa situés sur les hauts plateaux.

Nous ne sommes pas les seuls à insister sur la nécessité des chemins en général. D'autres plumes s'en sont occupées avant nous. Elles voudraient même, et nous partageons cet avis, les voir précéder et non suivre, comme dans le passé, l'installation des nouveaux villages, afin de les relier, dès le début, avec les points déjà colonisés.

L'Alfa dont nous venons d'écrire le nom et dont le Gouvernement se propose de doter aussi le Sénégal, constituera, un jour, une branche importante de revenu ; il concourra, dans une large mesure, à la prospérité du pays. Cette plante, connue encore sous le nom de *sparte*, existe en abondance sur les hauts plateaux et dans les régions limitrophes du désert. D'après une carte, dressée par M. Mac-Carthy, elle occuperait une superficie de 7 millions d'hectares d'un seul tenant.

« C'est une richesse pour l'Algérie, une richesse » immense, dit M. Charrier dont nous avons déjà » invoqué le témoignage ; nous la possédons en gise- » ments supérieurs à ceux des autres parties de la côte » d'Afrique. »

La province d'Oran en tire depuis longtemps un bon parti, et ses envois de l'espèce sur l'Angleterre s'élèvent, chaque année, à plusieurs millions de kilogrammes.

Les deux autres départements commencent à donner à cette graminée une certaine attention, et des chemins de fer sont en cours de construction ou à l'étude, afin d'utiliser cette source de richesses considérables. La papeterie, la corderie, la vannerie en font un large emploi, et, sans nul doute, les commandes prendront de nouvelles proportions le jour où la rapidité et la facilité du transport, du lieu de production au port d'embarquement, permettront de réduire le prix de vente. Au soutien de cette prévision, nous citerons le passage suivant d'un exposé financier de M. Gladstone : « Je ne crois pas que la Chambre puisse » se faire une idée des usages variés et multiples » auxquels se prête le papier ou la pâte à papier. Un » fabricant m'a dit avoir fait des panneaux de porte » en papier, et il se proposait aussi de construire des » voitures en papier lorsque cette matière sera moins » chère. »

Le *Times*, dans un article très intéressant sur

l'Exposition de Vienne, donne le passage ci-après :
« L'alfa, qui croît sur les hauts plateaux, a toujours » été employé pour confectionner les cordes, tapis, » chapeaux. C'est un article de grand avenir et de » grande consommation pour la papeterie, car, mé- » langé aux chiffons, il donne de la consistance, et à » la pâte provenant du bois il rend le papier plus » souple.

» Plusieurs des grands journaux en Angleterre » sont imprimés sur du papier fait avec de l'alfa ; » mais on devra prendre des précautions pour que » les régions à alfa ne soient pas saccagées par des » industriels peu scrupuleux, comme cela est arrivé » en Espagne, où aujourd'hui cette plante est presque » détruite. »

Le lentisque lui-même, si abondant dans la Colonie, demande aussi à être utilisé. Suivant un brevet pris aux Etat-Unis, il donne un tanin qui, combiné avec une dissolution d'acétate de fer ou liqueur de ferraille, durcit les bois et les rend imputrécibles. Il remplacerait très avantageusement le sulfate de cuivre, dont l'action conservatrice cesse au bout de quelques années sous l'influence de l'humidité et de la chaleur. Cette découverte intéresse à un haut degré l'Algérie ; elle lui permettra de tirer parti de vastes étendues de broussailles, repaire aujourd'hui des fauves et des sangliers.

L'on fonde avec raison de grandes espérances sur le liège ; grâce à la nouvelle loi forestière, les exploitations pourront recevoir toutes les améliorations possibles ; les mesures prises, la responsabilité qui pèse sur les tribus en cas de sinistre, sont bien de nature à prévenir le retour des désastres dont le triste tableau sera longtemps à s'effacer de la mémoire des Algériens. Personne n'a encore perdu de vue les immenses incendies dont la Colonie a été trop fréquemment affligée.

Les lièges algériens réunissent toutes les conditions propres à les faire rechercher par l'industrie : *élasticité, flexibilité, grain serré des tissus, belle couleur, largeur* et *épaisseur*. Aussi, depuis quelque temps, nous voyons sur nos quais de fortes parties de liége brut dont l'exportation n'est pas restée au-dessous de 2,231,426 kil. en 1873, et de 3,381,902 kil. en 1874.

Le crin végétal, dont on a commencé à parler en 1845, n'a cependant pas pris rang dans les exportations avant 1853 ; mais à partir de cette époque, il a acquis chaque année une nouvelle importance, et les expéditions faites à la métropole et à l'étranger ont été de 327,713 kil. en 1855 ; de 1,021,931 kil. en 1860 ; de 3,142,717 kil. en 1865 ; de 4,835,630 kil. en 1869, et de 9,011,919 kil. en 1871. Mais que s'est-il passé, alors ? La fabrication a-t-elle été excessive, et a-t-on constitué partout des dépôts hors de proportion avec les besoins de l'industrie ? Il faut le croire, car les exportations sont tombées à 5,922,515 kil. en 1873 et à 4,534,440 kil. en 1874.

Toutefois de beaux jours sont réservés au crin végétal ; son bas prix relatif le fera rechercher longtemps encore. La matière première, le palmier-nain, ne manquera pas de sitôt ; elle peut, durant des années et des années, répondre à toutes les nécessités de la consommation ; elle couvre de grands espaces.

Le palmier-nain se prête d'ailleurs à d'autres tranformations ; la vannerie en fait usage, et l'on en obtient une bonne pâte à papier.

Il en est de même, sous ce dernier rapport, *du diss* et *du sémagh*, à en juger du moins par des échantillons produits au dernier concours régional de Constantine.

La prise de possession des montagnes, et notamment de la Kabylie, par l'immigration d'Alsace-Lorraine, introduira en Algérie *la fabrication* DES FROMAGES. C'est une branche de revenu digne d'attention réservée aux nouveaux villages. Elle prend chaque année une nouvelle importance. Il est facile d'en juger tout à la fois par l'accueil fait aux premiers essais et par la progression croissante des commandes de l'Algérie de 1850 à 1874. Elles se sont accrues de plus de 500 mille kilogrammes.

L'on pourra alors reprendre l'élève DU PORC qui, pour réussir, demande des régions froides ou tout au moins tempérées. Sous les climats chauds, il est trop souvent malade, circonstance qui a conduit Moïse et ensuite Mahomed à en interdire l'usage aux juifs et aux musulmans. Pour s'en occuper sur une certaine échelle, il faut donc tout d'abord installer l'élément européen dans les montagnes, car l'indigène consentira difficilement, pour ne pas dire jamais, à utiliser, même pour la vente, un animal immonde à ses yeux.

Ces considérations s'appliquent aussi, en majeure partie, AUX GRAISSES COMESTIBLES.

Nous ne devons pas oublier LES FARINES dues à la minoterie locale. On en trouve le placement en France, en Espagne et en Angleterre. Toutefois, nos minoteries ont du chemin à parcourir pour entrer en lutte, dans les années de bonne récolte en Europe, avec les usines de la métropole et des Etats voisins. Il faut pour cela, *eau, combustible* et *outillage* perfectionné. Sous ce dernier rapport, la Colonie doit se proposer pour modèle la minoterie française dont la supériorité est généralement admise. La construction des barrages-réservoirs ne pourraient que seconder les efforts de nos moulins.

Le facile placement en France et à l'étranger, comme primeurs, des légumes verts cultivés dans la Colonie, déterminera longtemps encore le colon à laisser *les légumes secs* à l'arrière-plan de ses opérations. Il ne leur consacrera sérieusement ses soins que le jour où les récoltes excèderont les demandes de l'exportation.

Les tabacs algériens prennent certainement de plus en plus faveur ; mais pour répondre aux bonnes dispositions du commerce, les agriculteurs doivent s'attacher aux bonnes variétés recherchées par l'industrie et bien se pénétrer des méthodes de culture et de séchage employées avec succès par les autres pays de production.

Les huiles de la Colonie constituent déjà un élément d'échange très important. Seulement leur préparation n'a pas encore atteint ce degré de perfection obtenu au delà de la Méditerranée ; pour y parvenir les huileries algériennes doivent faire de nouveaux pas dans la voie du progrès.

Les industriels qui, en Algérie, se sont adonnés à l'extraction et à la préparation des huiles d'olives, étant pour la plupart originaires du midi de la France, ont importé dans leurs usines les mêmes procédés, le même outillage et le même mode d'exploitation que ceux usités, par exemple, dans les environs de Marseille ou de Toulon, où tout cela s'adapte plus ou moins bien aux exigences du climat, à la quantité des matières premières, et surtout aux habitudes des propriétaires et cultivateurs des olivaies.

En Algérie, dans les pays kabyles surtout, les plantations d'oliviers sont en général beaucoup plus vastes et plus productives que celles de la Provence ;

en outre, le climat y est plus chaud. Il est donc très important, si l'on veut tirer parti de l'abondance habituelle de la matière première, d'opérer plus rapidement, et surtout de pouvoir opérer sur de grandes masses, ce qui ne peut se faire avec les petits moulins à manège ou les moulins à eau qui fonctionnent actuellement.

Ce n'est pas tout : il résulte d'expériences faites dans notre Colonie par des hommes éclairés et compétents, qu'on peut obtenir des huiles algériennes *supérieures* même aux huiles dites *surfines* de Marseille, en séparant, par exemple, la pulpe de l'olive du noyau pendant la trituration, comme le faisaient les anciens Romains, au dire de Pline et de Columelle.

Enfin, en substituant à l'emploi des *pressoirs à vis*, celui des nouveaux pressoirs dits *hydrauliques*, *presses à genoux* etc., remarqués dans les expositions universelles de ces dernières années, mais trop peu connus des Algériens, on peut doubler au moins la production des *huiles vierges* et arriver même à supprimer complètement l'eau chaude dont l'emploi produit habituellement ces huiles inférieures, dites *huiles d'enfer*, *huiles de recence*, au grand détriment des propriétaires qui donnent leurs olives à *triturer à façon*.

Les cours d'eau de la Colonie sont généralement à sec durant la saison des chaleurs, ou ne présentent que des eaux stagnantes et impropres à la multiplication du poisson. Cette situation se modifiera le jour où des barrages auront constitué de vastes réservoirs dont LA PISCICULTURE tirera un fructueux parti. Grâce à des frayères bien organisées et des pêches sagement limitées, l'Algérie pourra avoir en quantité considérable *poissons*, *écrevisses* et *grenouilles*, si surtout l'on sait utiliser les lacs dont les eaux ne sont pas saumâtres, et si encore un aménagement bien entendu fait cesser ces émanations paludéennes redoutées du colon à juste titre, et dont l'effet immédiat est d'éloigner toute culture de leurs bords.

Lon peut juger des espérances autorisées, sous ce rapport, par les résultats qu'ont donnés les barrages établis sur la Dordogne, la Vanne et le Blavet. Avec la cherté toujours croissante de la vie, le peuplement des cours d'eau, la production du poisson, commandent l'attention en Algérie, comme en France, où l'on compte 258,000 hectares de lacs et rivières et 210,000 hectares d'étangs.

Notre Colonie montre de la sollicitude pour ses intérêts à l'endroit des ressources à peu près inépuisables que lui offre la mer. Elle a organisé *des ateliers de salaison et de préparations à l'huile* sur tout le littoral. Il en existe dans les trois provinces. Des exportations, d'année en année plus fortes, accusent une activité progressive dans leurs travaux.

L'Algérie se livre également à la pêche *des éponges*; mais cette industrie se pratique plus particulièrement en Tunisie où elle a une certaine importance.

Il en est de même de la pêche *du corail*, bien que ce zoophite existe aussi sur tout le littoral algérien, notamment dans les eaux de la province de Constantine. Depuis 1845, le nombre des bateaux consacrés à cette pêche a varié annuellement entre 166 et 297 en 1874, portant pavillons français, italien ou espagnol. Il est à remarquer que la marine française a une tendance prononcée à monopoliser cette industrie ; elle n'a pas compté moins de 313 barques en 1873. Sa participation, qui jusqu'en 1862, s'est maintenue entre un et 74 bateaux, a, depuis, pris chaque année un nouveau développement. Toutefois le nombre de ses bateaux est descendu à 228 l'année dernière.

Le corail pêché annuellement sur les côtes de l'Algérie ou dans les parages du beylick de Tunis, en vertu de la convention du 24 octobre 1832, a atteint le chiffre de 40,786 kil. en 1874 ; il est en presque totalité dirigé sur Livourne pour y être travaillé. Cette industrie a été française pourtant ; durant toute la période du XVe siècle à 1830, elle s'est exercée en Provence.

Le climat de l'Algérie est également favorable à la culture *des fleurs et des plantes de distillation*. Déjà en 1852, on s'occupait à Chéragas du géranium, du jasmin, de la verveine et de la rose. Depuis, des fabriques d'essences se sont établies à Blida et à Bouffarik, à Mostaganem et à Philippeville ; elles sont dans de bonnes conditions. En 1874, elles ont produit 2,737 kil. d'huile aromatisée, 5,306 kil. de préparations pour la parfumerie, et 34,338 kil. d'eau de fleurs d'oranger.

Dans les défrichements, l'on pourrait, croyons-nous, ne pas se borner à faire du charbon de bois. L'on aurait la possibilité de tirer un meilleur parti des broussailles. L'on pourrait en obtenir d'abord *le tanin*, puis les employer à la fabrication *des pyroligneux*, à l'aide de l'appareil Keistener : 100 parties de bois donnent 40 parties de gaz combustible, 15 de goudron, 20 d'acide et 25 de charbon dit charbon de vinaigre.

« En Algérie, LES MÉTAUX PRÉCIEUX y sont d'une » extrême abondance, et la nature les a produits avec » le même luxe qu'elle met à produire la végétation. » Ainsi s'est exprimé M. Barthélemy Saint-Hilaire, en 1874, à la suite d'un voyage dans la Colonie. Cette admiration n'a rien d'excessif. Des recherches ont révélé depuis longtemps le rôle réservé à nos possessions du nord de l'Afrique pour l'approvisionnement de l'industrie métallurgique de l'Europe. Si elles n'ont pas l'or comme le Pérou, la Californie, l'Australie et d'autres régions, elles donnent du moins les métaux si nécessaires à tant de travaux. M. Ville, inspecteur général des mines, a rédigé à cet égard un mémoire du plus grand intérêt ; nous lui empruntons les lignes suivantes.

« L'Algérie renferme un grand nombre de gîtes » minéraux qui peuvent offrir à l'industrie des res- » sources très variées. Plusieurs d'entre eux sont » exploités et donnent des bénéfices très considérables. » D'autres, malheureusement en trop grand nombre, » ont été l'objet de tentatives d'exploration ou d'ex- » ploitation qui ont été abandonnées par suite du peu » de facultés pécuniaires des premiers explorateurs, » et avant qu'on ne fût fixé sur la valeur commerciale » des gîtes. D'autres, enfin, sont encore vierges de » tout travail, par suite du découragement irréfléchi » qui pèse depuis plusieurs années sur les mines de » l'Algérie. Un examen de la collection minéralogi- » que de l'Algérie à l'Exposition universelle de 1867, » a permis de juger de la variété des richesses métal- » lifères de cette région. Le fer, le cuivre, le plomb, » l'argent, le zinc, l'antimoine, le sel s'y trouvent en » abondance. Les matériaux de construction ne font » défaut nulle part ; et si l'Algérie se sert encore en » beaucoup de points des matériaux de la mère-pa- » trie, c'est que les constructeurs reculent devant la » première mise de fonds nécessaire pour mettre en » œuvre les gîtes algériens. Il est utile de faire con- » naître les ressources de toute nature que le sol de » l'Algérie présente à l'industrie minérale, car cette » industrie serait appelée à prendre un développement » très considérable si elle était vivifiée par des capi- » taux suffisants. »

Comme le dit M. Ville, plusieurs mines sont en

pleine exploitation. Nous pouvons citer celles des Gourayas, de Soumah, d'Aïn-Mokhra (Mocta-el-Hadid), dont le rendement varie de 62 à 65 kil. de fonte pour 100 kil. de minerai. Nous mentionnerons aussi, parmi les gîtes importants, la minière de Sidi-Safi, les hématites du Zaccar Rharbi et le fer oxydulé des Kharésas.

« Les minerais de fer algériens, ajoute le savant » inspecteur général, paraissent destinés à combler » un déficit réel dans la fabrication du fer et de l'acier » du continent européen, et ils n'ont rien à redouter » de la concurrence résultant de l'exportation des » minerais de fer de l'île d'Elbe et de l'Espagne.

« Les minerais de Bône pourront, comme ceux de » Soumah, être employés avec un grand avantage » dans la fabrication de l'acier Bessemer, qui prend » aujourd'hui un immense développement et qui exige, » comme on le sait, des minerais d'une grande pureté.... »

Le minerai de fer, reconnu pour un des meilleurs du monde, s'exporte en grande quantité en Angleterre, en France et jusqu'aux Etats-Unis. Le cuivre, le plomb argentifère, l'antimoine, le zinc, le mercure sont les sources d'une grande richesse.

Gar-Rouban, sur la frontière du Maroc, fournit un minerai de plomb dont la teneur moyenne est de 65 p. 0/0 avec une richesse de 90 grammes d'argent par 100 kil. Le cuivre de l'Oued Allélah, des Beni-Aquil et de Mouzaïas saurait reconnaître une exploitation faite avec ordre, économie et intelligence.

Dans l'espace de 14 ans, de 1859 à 1873, la valeur de la production minérale de la Colonie s'est élevée de 862,000 fr. à 5,900,000 francs.

Les quantités de minerais exportées ont atteint, en 1873, 420,695,000 kil. pour le fer ; 4,689,000 kil.

pour le plomb ; 960,000 kil. pour le zinc et 71,000 kilogrammes pour le cuivre ; elles sont arrivées, pour le fer, à 460,272,800 kil. en 1874.

Les ressources en sel sont également considérables ; l'attention s'arrête sur les sources de Rio-Salado et d'El-Milah ; sur les salines de Misserghin, d'Arzew, de Ben-Zian ou de la Mina et des Zahrez Rharbi et Chergui ; puis sur les sels gemmes des Chotts près de Géryville, de l'Oued Kebbeb, du Djebel Gharibou et d'El Kantara.

Les matériaux de construction ne sont pas moins répandus ; le gypse ou pierre à plâtre foisonne ; les marbres sont beaux ; des gîtes ont été utilisés par les Romains et par les Maures. Plusieurs localités sont richement dotées en pierres à chaux grasses et en pierres à chaux hydrauliques. Les pierres de taille, les terres à brique et à poterie, les ardoises abondent. Les pouzzolanes naturelles constituent des groupes à proximité de Nemours, à la Tafna inférieure, à Rachgoun et près d'Aïn Témouchent. Enfin les sables sont livrés par les rivières et les dunes, soit du littoral, soit de la région des steppes.

Nous mentionnons, pour mémoire, le bitume et le pétrole dont on a trouvé des traces dans les provinces de l'Est et de l'Ouest aux Beni-Siar, à M'sila et aux Beni-Zeroual.

Nous ne saurions passer sous silence les sources minérales ou thermales, au nombre de 137, dont beaucoup n'ont pas de rivales en Europe.

Nommer Ammi-Moussa, Hammam-Rhira, Hammam-Mélouan et Hammam-Meskoutine, c'est rappeler des noms bien connus des rhumatisants indigènes ou européens.

Avant de clore ce chapitre, nous voulons toucher à certains produits dont l'Algérie pourrait s'occuper avec avantage, et dont le bénéfice est resté jusqu'à présent acquis à la métropole ; il s'agit des *savons* et du *chocolat*. L'on commence toutefois à songer à ce dernier article.

L'Algérie est dans une position exceptionnellement avantageuse pour s'assurer, à ce double point de vue, le monopole de ses propres besoins. Elle possède sur place la soude et les huiles ; de plus elle reçoit, à peu près en franchise, le cacao, et jouit d'un tarif relativement faible pour les sucres. Compte tenu des frais généraux, et surtout de la cherté de la main-d'œuvre, ces produits exonérés encore du droit d'octroi par suite de leur préparation dans la Colonie, procureraient une suffisante rémunération, tout en étant vendus à un prix sensiblement réduit. Il y aurait là, pensons-nous, un élément de succès dont la fabrication locale devrait tirer parti. Les quantités importées annuellement sont de plusieurs millions de kilogrammes pour le savon ; elles présentent aussi pour le chocolat un chiffre assez élevé.

IV

COMMERCE

I

Nous croyons avoir suffisamment établi la marche progressive et la situation présente de l'Algérie agricole et industrielle. Nous pourrions donc maintenant examiner ses éléments d'échange et la place qu'elle s'est créée dans l'ensemble du mouvement commercial. Mais avant d'aborder cette dernière partie de notre Étude, il nous paraît utile de donner à l'appui de notre exposé des chiffres puisés à la source officielle, et bien de nature à procurer à notre Colonie de nouveaux partisans.

« Produire et consommer, voilà ce qui constitue la » richesse, ce qui fait la supériorité des nations industrieuses par-dessus celles qui ne le sont pas, a dit » M. J. B. Say. » De son côté, Ed. About s'exprime ainsi, dans son A. B. C. du travailleur : « Donner l'é- » quivalent de ce que l'on reçoit, recevoir l'équivalent » de ce que l'on donne, voilà tout le mécanisme de » l'échange..... L'échange a cela d'admirable, qu'il » profite aux deux contractants, dans une mesure » presque toujours égale. Chacun des deux, en don- » nant ce qu'il a contre ce qu'il n'a pas, fait une bonne » affaire........Si les hommes raisonnaient un peu, » ils seraient tous en admiration et en reconnaissance » devant le mécanisme bienfaisant de l'échange. »

Les importations, en général, témoignent des besoins d'un pays et de l'impossibilité où il se trouve d'y répondre par sa propre production. L'obligation pour y satisfaire de s'adresser à l'étranger, le place dans une dépendance dont il doit s'attacher à s'affranchir ; et si, pour une cause ou pour une autre, il ne peut se soustraire à cette nécessité, ses efforts doivent tendre tout au moins alors à accroître ses exportations. Il se crée de la sorte un contre-poids dont la première conséquence est de prévenir l'épuisement de la richesse locale. A l'aide de ses échanges, il comble les vides faits à ses ressources pécuniaires, et pour être réellement prospère, ce pays doit arriver non-seulement à équilibrer les importations et les exportations, car ce serait l'immobilité, mais encore faire pencher la balance du côté de celles-ci.

Fournir plus qu'on ne reçoit est l'objectif de toutes les nations, heureusement inspirées, sagement préoccupées de l'avenir, et c'est du reste le seul moyen de se procurer une supériorité matérielle d'abord, morale ensuite. Les réserves dont un pays s'assure ainsi la libre disposition lui permettent d'augmenter son bien-être, et, après avoir assuré les besoins du corps, de songer à son développement intellectuel. Chez lui, tout doit travailler, les bras et le cerveau.

Voilà des réflexions dont la portée s'affirme tous les jours davantage. Loin de les mettre en oubli, l'Algérie n'a cessé d'en observer la loi. Aussi ses transactions qui, en 1831, ne dépassaient pas 7.983.000 francs, s'élevaient, quatre ans plus tard, à 19.376.000 francs ; puis à 91.955.000 francs en 1850. Dans ce dernier chiffre, les exportations figurent pour 19.262.000 francs, soit pour 1/5 environ.

Les affaires éprouvent un temps d'arrêt en 1851 et 1852 ; mais elles prennent, en 1853, un essor qui ne doit plus se ralentir. Aussi, en 1855, les opérations se traduisent par 154.772.000 francs, dont 49.320.000 francs, soit le 1/3, reviennent au commerce à la sortie. La production locale donne ainsi de sa vitalité une preuve qui, chaque année, devient plus sensible ; en effet, sur les 275.814.000 francs d'affaires en 1865, 100.538.000 francs appartiennent à *l'exportation* ; c'est à peu près les 3/8 de la somme totale. Cette proportion s'améliore encore ; elle a dépassé les 2/5 en 1873, année dans laquelle les importations ont donné 206.737.000 francs, et les exportations 152.216.000 francs ; et si les opérations de 1874 ont, dans l'ensemble, fléchi de 13 millions, la différence *en plus des entrées sur les sorties* n'en a pas moins perdu 7 millions ; elle est descendue de 54.500.000 francs à 46.900.000 francs.

L'Algérie est ainsi en pleine voie de progrès ; mais nous allons le faire ressortir d'une manière plus évidente encore, en faisant intervenir le mouvement effectif des marchandises. Les tableaux que nous donnons ci-après nous semblent atteindre ce résultat.

Toutefois, ces relevés ne remontent pas tous au début de notre occupation. La statistique commerciale n'existe réellement bien que depuis 1850. Pour les années antérieures, nous nous bornons à poser des jalons, destinés uniquement à mettre en relief les progrès de la colonisation, et à servir à la comparaison des périodes de 1830 à 1850 et de 1851 à 1874. D'un autre côté, il ne faut pas toujours voir dans les diminutions que révèlent ces états des heures de défaillance et de découragement dans l'œuvre civilisatrice de la France, non ; elles sont dues pour la plupart à une lutte plus sensible de la charrue et de l'épée contre des difficultés, des entraves momentanées ; telles les épidémies, la sécheresse, les sauterelles, l'insurrection et la guerre.

La législation française n'a pas été promulguée en Algérie dès le début de l'occupation ; le pays a été soumis d'abord à un régime spécial, et les décisions de l'autorité locale ont eu force de loi. Le commerce a eu aussi sa règlementation exceptionnelle et transitoire. Les arrivages, sans distinction de provenance, ont eu à payer un droit de 4 ou 8 pour °/ₒ de la valeur, suivant que le pavillon importateur était français ou étranger. Cette taxe fut même, le 7 décembre 1830, portée à 15 fr. pour *les vins* d'origine autre que de la métropole, et le 28 du même mois cette aggravation atteignit *les eaux-de-vie, esprits et liqueurs*. Le commerce du *sel*, monopolisé par le gouvernement de la Régence, devint libre le 11 juillet 1831, moyennant un droit d'entrée variant de 3 à 4 fr. par quintal et élevé ensuite à 5 et 6 fr. par un arrêté de l'Intendant civil.

Certains produits jouissent toutefois d'immunités temporaires ; ainsi *les farines, les céréales*, furent admises en franchise à Alger, à dater du 15 juillet 1831, et à Oran à partir du 7 décembre suivant. Le même avantage fut accordé à Bougie, pendant un mois, à compter du 17 octobre 1833, *aux objets de consommation, de chauffage, d'éclairage et aux bois de construction.*

Des droits étaient aussi perçus *à la sortie;* fixés à 1 et à 2 pour °/₀ de la valeur du chargement, par un arrêté du 17 octobre 1830, ils différèrent plus tard avec la nature des produits. Ces derniers droits étaient même assez élevés pour quelques marchandises ; parmi les plus fortement imposées, nous citerons *la cire, la laine, les plumes d'autruche, le kermès, les bœufs, vaches et veaux, les chevaux, mules et mulets et les chameaux.*

Notre intention n'est pas d'énumérer une à une les modifications apportées jusqu'à ce jour à la législation commerciale de notre Colonie ; nous en avons fait le résumé en 1866, dans le N° 807 *du Courrier de l'Algérie;* nous lui empruntons le passage suivant ; il donne une idée, sommaire il est vrai, mais complète, des changements successifs introduits jusque-là dans nos relations avec l'étranger et la métropole.

« Au début de la conquête, et pendant plusieurs » années, l'Algérie et la France ont été l'une pour » l'autre, sous le rapport commercial, ce que la légis- » lation de Colbert appelait *étranger effectif.* Leurs » produits avaient, de part et d'autre, à subir toutes » les conditions des tarifs. Cet état de choses, modifié » en 1835, a été largement révisé en 1843, époque à » laquelle se sont manifestés les premiers symptômes » de l'assimilation douanière. Mais il était réservé à la » loi du 11 janvier 1851 de réaliser, dans la mesure du » possible, cette importante amélioration. Dès ce mo- » ment, l'Algérie qui, depuis longtemps, recevait en » franchise les envois de la mère-patrie, a pu aussi, » en exemption des taxes d'entrée, lui expédier ses

» produits naturels et ses produits fabriqués. Le
» nombre en était limité ; mais le gouvernement avait
» la latitude de faire des additions aux nomenclatures,
» et il en a usé à diverses reprises. La loi de 1851 a
» concédé aussi au pouvoir exécutif le droit d'ouvrir
» aux transactions commerciales les frontières de
» terre ; cette importante mesure a été prise, en 1853,
» pour les lignes de la Tunisie et du Maroc, et en
» 1860 pour la frontière du Sahara. »

Depuis, la loi du 17 juillet 1867 a fait faire à l'Algérie un nouveau pas dans la voie de l'assimilation, en autorisant l'admission en franchise dans la métropole DE TOUS LES PRODUITS NATURELS OU FABRIQUÉS DE LA COLONIE. Mais cette loi a constitué aussi une véritable révolution économique par l'accueil qu'elle a accordé aux vœux du libre échange en limitant à un très petit nombre d'articles l'application du tarif. Cette concession, tout en privant le trésor d'un revenu annuel de 600,000 francs au moins, sans profit pour la consommation, il faut le noter, puisque les prix de vente au détail n'ont pas diminué, n'a pas satisfait les prétentions excessives de certains zélateurs du *Free trade absolu*, dont la conséquence, on ne l'a pas assez remarqué, serait le régime de la protection et du privilége en sens inverse, c'est-à-dire au profit de l'étranger contre la production nationale.

Le libre-échange, s'il veut passer de la théorie dans la pratique, nous l'avons écrit dans le temps et nous persistons à le penser, doit se borner à égaliser à peu près les conditions de la lutte commerciale entre les marchandises françaises et les marchandises étrangères, en laissant même aux premières un léger avantage de prix de revient qui leur est dû légitimement. Cette préférence paraîtra naturelle, nous l'espérons, en présence des aggravations *de taxe d'entrée* adoptées aux Etats-Unis où l'on entend favoriser l'industrie nationale. Cette doctrine, que certains esprits qualifieront de rétrograde, est celle de Troley ; nous empruntons le passage suivant à *son cours de droit administratif :* « Le meilleur système de la science » économique est celui qui protège les intérêts com- » merciaux et agricoles, mais *sagement et libéralement* » *de façon à les obliger de s'élever sans cesse par* » *des progrès.* » Nous ne croyons pas non plus inopportun de reproduire ici un passage du discours prononcé, il y a quelques années, par le ministre de l'instruction publique à l'inauguration du nouveau Lycée consacré à Mont-de-Marsan à l'enseignement secondaire spécial : « A cette heure où, par la liberté du » commerce, a dit M. Duruy, la lice e t ouverte à » tous, il s'agit de défendre vaillamment, mais avec » discernement et intelligence ajouterons-nous, le » marché français et *algérien,* et de disputer le mar- » ché étranger aux producteurs de l'univers. Une des » conditions du succès sera de ne pas rester en arrière » des peuples qui nous ont déjà prévenus et dépassés » pour le développement intellectuel des classes labo- » rieuses. »

Dans le même ordre d'idées, M. Thiers s'est exprimé ainsi dans un de ses messages : « Nous entendons, » en laissant aux échanges toute la liberté compatible » avec la prospérité publique, assurer à nos indus- » tries, à celles qui, depuis trois quarts de siècle, » font la fortune de la Fra nce, la protection de tarifs » suffisants pour qu'elles n'expirent pas sous la con- » currence illimitée de l'étranger ; assez de stimulants » pour les empêcher de s'endormir, point assez pour » qu'elles soient obligées de renoncer à produire. »

Du reste, la fièvre du libre-échange s'est calmée. L'engouement a cédé à la réflexion et à l'expérience.

M. Gambetta a dit, il y a quelque mois : « Le progrès » ne s'accomplit pas en un jour ; il est l'œuvre du » temps, des efforts et de la sagesse. » M. Louis Blanc est aussi de cet avis : « Il ne faut pas prétendre à » atteindre d'un bond son idéal, ni se montrer rebelles » aux exigences de la réalité. » Toutes ces concessions de *l'absolu* au *relatif* ne sont-elles pas un signe des temps ?

Il est des époques, au surplus, dont les nécessités budgétaires doivent être satisfaites à bref délai. A la suite des douloureux évènements de 1870 et 1871, les impôts indirects ont dû procurer au Trésor de nouvelles ressources destinées les unes à faire face aux besoins de l'Algérie, les autres à répondre aux charges générales de l'Etat. Ainsi se trouvent motivées, au sujet de la Colonie, les aggravations de droits sur *les sucres* et *les cafés* prononcées par le décret du 29 septembre 1853 et confirmées par la loi du 19 mars 1875, comme aussi l'établissement, soit de la taxe de 3 fr. par 100 kil. sur les produits extra-européens importés par la voie des entrepôts d'Europe, soit de la taxe supplémentaire de 4 fr. pour 0/0 sur les recouvrements afférents à certaines marchandises, notamment les denrées coloniales et les tabacs.

2

Le commerce algérien a marché avec notre domination, le peuplement et la colonisation ; il en a suivi de tout point la fortune ; il a progressé avec eux.

Notre autorité, une fois établie et reconnue par les indigènes, ceux-ci sont retournés à leurs travaux et à leurs champs, et les colons, affranchis de la préoccupation de leur propre défense, ont pu étendre leurs cultures, en suivre chaque jour avec soin le développement, et même songer à la constitution d'établissements industriels.

Nous avons déjà résumé les phases de notre installation sur les côtes barbaresques. Sans y revenir, nous ferons toutefois remarquer que notre commerce d'exportation surtout, ne s'est bien affirmé qu'à partir de 1855, époque à laquelle la sécurité régnait déjà au point de permettre à la culture européenne de se produire sur tout le littoral autrefois réputé inhospitalier, moins à cause des dangers que pouvaient faire courir à la navigation de nombreux récifs qu'en raison de la cruauté et de l'esprit de rapine de ses habitants. A partir de cette époque, et afin de suppléer à l'insuffisance des voies de communication par terre, les navires ne se sont plus bornés à prendre leur cargaison dans les grands centres, tels qu'Oran, Mostaganem, Ténès, Alger, Djidjelli, Bougie, Philippeville, Bône et La Calle ; ils se sont rendus dans les baies et dans les rades les plus rapprochées des lieux de production et d'exploitation ; des bâtiments sont allés prendre des *céréales* à Adjéroud, près du Kiss ; aux Achachas, au Guelta, dans les parages de Mostaganem et de Ténès ; de *l'alfa* au Rio-Salado ; du *liège* à Soffane et à Sidi-Kalif ; à Mers-el-Zitoun, les *bois* provenant des forêts de l'Oued Zour, et à Toukouch les *tabacs* récoltés dans les tribus de l'Edough. Des navires ont aussi chargé du *marbre* au Chenoua, du *minerai de fer* au Gouraya, du *plâtre* à El-Arrat et à l'Oued Mellah. A ces nombreux mouillages, l'on peut ajouter l'Oued-Djelloul, ancien port romain et port naturel d'Aïn-Temouchent ; les Beni-Amisara, où l'on embarque *de l'huile et des fruits* ; Mansourain, petit port précieux pour l'exploitation *des forêts et des mines de fer*, et Fil-Fila dont on a apprécié toute l'utilité.

Aussi, depuis cette époque, la progression est-elle des plus rapides et de nature à étonner quiconque ne connaît pas la fertilité du sol algérien (Voir le tableau N° 1). En dix ans, de 1855 à 1865 (nous pouvons même remonter plus haut et arriver à 1840 pour un grand nombre d'articles), nos exportations se sont élevées pour les *chevaux* de 49 têtes à 1.444 ; pour les *bœufs et vaches* de 17 têtes à plus de 25.000 ; pour les *bêtes à laine* de 65 têtes à 215.000 et même à 351.000 en 1868 ; pour les *laines en masse* de 147.000 kil. à près de 7 millions. Depuis, il s'est produit des diminutions, mais elles sont la conséquence des années calamiteuses dont nos colons se sont attachés à effacer les traces. Il ne faut pas perdre de vue, pour se rendre un compte exact de la production annuelle de la *laine*, que les toisons mises en œuvre dans la Colonie par les passementiers et les fabricants de tissus forment, au minimum et en temps ordinaire, le *quadruple* des quantités affectées aux échanges ; or les laines employées sur place en 1874, et la chose est de notoriété, ont excédé de beaucoup cette proportion ; la tonte du dernier exercice serait donc représentée par un chiffre rond de *30 millions de kilogrammes*.

Comme les laines, *les peaux et les cuirs* alimentent les industries locales chargées de répondre aux besoins de la cordonnerie et de la fabrique d'articles indigènes.

L'augmentation est considérable aussi pour d'autres articles ; les expéditions sont montées, pour *les poissons préparés*, de 78.000 kil. à 1.600.000 en 1868, et à plus de 2.200.000 en 1870 ; à 3.314.000 en

1872, et à 5.386.000 en 1874 ; pour *les os, sabots et cornes de bétail,* de 506.000 kil. à 1.244.000 en 1865 et à 2.029.000 en 1870 ; cet élément a toutefois subi les vicissitudes des troupeaux ; pour *les fruits frais* de 15.500 kil. à plus de 2 millions ; pour *les lièges bruts* de 15.780 kil. à plus de 631.000 kil. en 1865 et même à 2.831.000 en 1869 ; 3.382.000 en 1874.

Nous tenons à mentionner d'une manière toute spéciale *le lin et ses graines,* introduits depuis une quinzaine d'années dans la Colonie, et dont la culture s'étend tous les jours et donne les meilleurs résultats. Les envois de *graines,* limités à 102.000 kil. en 1865, ont atteint 3.884.000 en 1871 et 4.489.000 en 1874.

Reste à résoudre la question de la filasse.

Nous citerons encore, comme dignes d'attention, *les céréales, les légumes, les tabacs, l'huile d'olive, le crin végétal, les minerais et le vin.*

Des augmentations non moins sensibles ressortent aussi du mouvement des importations (Voir le tableau N° 2) ; il en est dont la date remonte également à 1850 et même à des époques antérieures. La cause en est multiple ; elle procède à la fois du peuplement européen toujours croissant, des tendances tous les jours plus marquées des Arabes à renoncer à leur isolement systématique et à se rapprocher de nous, et de l'impulsion imprimée à certaines industries, notamment à celle de la bâtisse. Nous mentionnerons, à ce triple point de vue, *les fruits, les matériaux, le sucre, le café, les bois à construire, la houille, les fontes, fer et acier, le savon, les boissons, la poterie, la faïence, les verres et cristaux,* et plus particulièrement, *les tissus de toute sorte, les peaux préparées et les ouvrages en métaux.*

Quelques articles accusent toutefois des diminutions. Mais, nous le demandons, ces diminutions constantes ne déposent-elles pas aussi en faveur de la colonisation ? Ne sont-elles pas un témoignage irrécusable de sa marche ascendante ?

De son côté, notre marine marchande a largement profité du développement du commerce algérien, surtout sous l'empire de la loi du 11 janvier 1851, et ce développement progressif s'est poursuivi depuis (Voir le tableau N° 3).

Seulement les immunités concédées par la loi du 19 mai 1866 aux navires étrangers, n'ont pas eu la conséquence révée par les partisans de la liberté absolue. Dans leurs prévisions, la suppression du droit de tonnage devait imprimer une grande animation à nos ports, et concourir, dans une large mesure, à la prospérité de l'Algérie. Mais l'école du libre échange perdait de vue que la navigation ne devait progresser qu'en raison directe de l'augmentation des *importations* et des *exportations* ; or ce double résultat ne pouvait procéder que de l'accroissement de la population, de l'installation d'usines et de la mise en valeur de plus grandes étendues de terrains. C'est ce qui a eu lieu avec l'institution du régime civil dont tous les efforts tendent à créer de nouveaux centres de population européenne dans les territoires conquis sur l'insurrection.

Le droit de tonnage à *l'entrée*, fixé à 1 fr. ou à 50 centimes par tonneau, suivant le cas, a été rétabli, sous la dénomination de *frais de quai*, par la loi du 30 janvier 1872, et confirmé par la loi du 20 mars 1875, qui a fait revivre, comme base de perception, plusieurs des dispositions de la loi du 23 mai 1863.

Depuis 1840, le nombre de nos navires ne s'est pas considérablement accru ; mais il n'en est heureusement pas de même de leur tonnage. En effet, si les bâtiments français, à voile ou à vapeur, venus en

Algérie en 1874, ne dépassent que de 87 le nombre de ceux arrivés en 1840, ils ont donné, en même temps, un excédant de capacité de 544,309 tonneaux ; considérée au seul point de vue de la contenance, l'importance de nos transports maritimes, sous pavillon national, s'est accrue dans la proportion de 5 à 1, environ.

La marine étrangère est aussi en augmentation sous le double rapport du nombre et du tonnage ; ce résultat est surtout acquis à l'Angleterre, à la Suède, à la Norwège et à l'Espagne dont les relations avec l'Algérie sont toujours en progrès.

Mais pour rendre plus sensible encore la marche constamment progressive de nos opérations à l'entrée et à la sortie, il nous suffira de rappeler que les IMPORTATIONS qui, en 1831, n'ont pas dépassé 6 millions et demi de francs, ont été, en chiffres ronds, de 17 millions en 1835, de 55 millions en 1855, de 192 millions en 1868 et de 206 millions en 1873, pour descendre cependant à 196 millions en 1874, et que les EXPORTATIONS restées au-dessous de 1 million et demi de francs en 1831, se sont élevées à plus de 2 millions et demi en 1835, à 3 millions et demi en 1840, à 10 millions en 1845, à 49 millions en 1855, à 108 millions en 1864, à 124 millions en 1870, et à 152 millions en 1873 ; elles sont tombées, toutefois, à 149 millions en 1874.

En présence de ces chiffres, est-on fondé à accuser la Colonie d'être un boulet pour la métropole, lorsqu'elle est arrivée à lui procurer un débouché annuel de plus de 156 millions en 1865 et de 152 millions en 1874, et à l'affranchir de la dépendance de l'étranger pour une valeur de plus de 76 millions en 1865 et de plus de 103 millions en 1874 ? Oui, répond un célèbre familier du paradoxe. Non seulement la Colonie aurait toujours gêné la marche de la France, mais encore, elle aurait été la cause première de ses derniers désastres, des défaillances de sa force. Tel est le thème d'un récent article pointé sur l'Algérie. C'est le cas où jamais de dire *oculos habent sed non....* On ne saurait, avec un cœur plus léger, faire litière de la vérité et du bon sens public. « Il serait bien facile, dit M. Lucet, de » faire justice de ce cruel et dangereux sophisme, car » il faut être aveugle pour ne pas voir quelle influence » est appelée à exercer sur les destinées de la mère- » patrie la possession de ce vaste territoire, un des » plus fertiles et des plus riches du monde. »

Comme le fait ressortir encore le tableau N° 3, l'Algérie est en relation directe avec l'Europe, l'Afrique et l'Amérique. Ses rapports avec l'Asie ont à peu près exclusivement lieu par la voie des entrepôts. Soit à l'entrée, soit à la sortie, les 80/000 environ du mouvement commercial sont acquis à la métropole. Viennent ensuite, d'après l'importance de leurs opérations, l'Angleterre, l'Espagne, l'Italie, les Etats Barbaresques, la Suède et la Norwège, l'Autriche, la Belgique, les Etats-Unis, la Turquie, les Pays-Bas, l'Egypte, la Russie, l'Association allemande, le Portugal et la Grèce.

3

Le commerce algérien, dont l'importance annuelle, à l'entrée et à la sortie, se traduit par 345 millions de francs, bien qu'entravé par tant de vicissitudes, prendra encore et dans une large mesure de nouvelles proportions avec le peuplement, la culture et l'industrie ; comme dans le passé, leurs progrès seront, dans l'avenir, la cause de son développement, car, ainsi que le dit avec raison J. B. Say, « l'industrie intérieure » favorise le commerce extérieur. »

Du reste, notre commerce, remarquons-le bien, n'est pas condamné à se renfermer dans les limites de nos possessions ; la situation de la Colonie lui donne, au contraire, la latitude, lui crée le moyen d'ouvrir des relations suivies et importantes non seulement avec le Maroc et la Tunisie, mais encore avec les régions les plus reculées de l'Afrique ; notre Colonie peut devenir le centre de transactions dont on ne peut, dès maintenant, déterminer l'étendue, mais qui, avec le temps, offriront un sérieux intérêt. Le Soudan est plus peuplé que le Sahara et le Tell. Sa constitution géologique et la diversité de son climat semblent devoir se prêter à la production de tous les végétaux des contrées lointaines, depuis le coton des Etats-Unis jusqu'au café des Antilles et aux épices des Molluques. L'arbre à beurre y pousse sur de grandes étendues. Tombouctou est déjà un entrepôt de produits européens. Le Fezzam et le Dir peuvent devenir aussi de précieux débouchés, sans oublier l'empire des Peuls. L'océan de sable (Bahr-bela-ma, ou mer sans eau), n'est pas infranchissable, on le sait ; la locomotive, steamer de la terre, en facilitera un jour la traversée. Les projets du gouvernement égyptien, les conceptions de M. Duponchel permettent de l'espérer.

Nos fabriques trouveraient là le placement de *cotonnades, de mousselines, de draps, de chachias et d'étoffes de soie. Le corail, la verroterie, les aiguilles, la quincaillerie, la coutellerie, le papier, les clous, le girofle, le thé, le sucre et les produits pharmaceutiques* constitueraient d'excellents éléments d'échange, car il ne faut pas l'oublier, l'or et l'argent, ces deux instruments dont se sert la civilisation pour mesurer les valeurs, n'ayant pas cours comme monnaie chez les peuplades de l'intérieur, nos marchands seront payés en nature. Ils apporteront au retour sur nos marchés *l'indigo, l'ivoire, la poudre d'or, des dépouilles d'autruche, de lion, de tigre, de chèvre et de buffle, le séné, la gomme, le sel de nître et des matières tinctoriales*. Dans le trajet de l'intérieur au littoral, ils auront également la possibilité de tirer un fructueux parti *des foutas* (étoffe teinte en bleu) qu'ils auront reçus en paiement et qui sont en usage dans le Sahara et le Maroc.

Mais ces relations avec l'intérieur de l'Afrique ne seront pas sans rencontrer des obstacles et même des dangers. On aura à lutter, soit contre les difficultés inhérentes à tout long voyage dans des pays rebelles à la civilisation, réfractaires au progrès, soit contre les variations de température, les exigences, la rapacité de souverains ombrageux à l'extrême et contre le fanatisme musulman. Mais il ne faut pas s'exagérer ces difficultés naturelles, politiques et religieuses; elles ne sont pas insurmontables; nous en trouvons la preuve dans les intéressants ouvrages de MM. Daumas, Ausone de Chancel, Henry Duveyrier, Armieux, et de Colomb, sans oublier le précieux recueil des annales du commerce extérieur.

La nature est loin d'avoir fait le désert inaccessible. Dans le Sahara, « mot qui éveille, dit M. Armieux, » l'idée à la fois d'immenses plaines de sable, chauf- » fées par un implacable soleil, des mirages décevants, » d'écrasantes chaleurs, et d'épouvantables agonies, » les étapes sont marquées par des sources et des puits. Les travaux du service des mines en ont augmenté le nombre, et par la création de nouvelles oasis, refoulent constamment les limites du pays de la soif; cette œuvre serait puissamment secondée par la création d'une mer intérieure. Le voyage du Soudan est certainement pénible, mais il n'est pas, pour des caravanes, aussi dangereux que le laisseraient supposer les dires des explorateurs isolés : MM. Say et Largeau viennent d'en faire de nouveau l'expérience. Après une traversée excellente, ils ont atteint, le 5 janvier 1876, Ghadamès où ils ont reçu un bon accueil. Il existe dans l'intérieur un assez grand nombre de villes reliées entre elles par des chemins et des cours d'eau ; nous citerons Kano, Sokoto, Gât, Tassaouâ, Sinder et Kasaoure.

Le chemin le plus facile, du reste, pour atteindre Tombouctou, l'empire des Peuls et le Sénégal, est celui du Sahara d'Oran et de Figuig ; de là à l'Oued Messaoura qui contourne les Areg, l'on arrive au Touat, agglomération d'oasis d'une longueur de 300 à 400 kilomètres du Nord au Sud, « longue rivière de palmiers, splendide trait-d'union, disent MM. du » Mazet et de Colomb, entre les peuples chercheurs » de l'Europe, et les noirs enfants des riches contrées » du Soudan. »

Le thermomètre varie de 4 à 45 degrés ; à des journées d'une chaleur accablante, succèdent des nuits d'une fraîcheur, d'une humidité excessives ; mais, malgré ces conditions défavorables, les maladies ne sont, dans le Sahara, ni communes, ni dangereuses pour les Européens ; les fièvres typhoïdes sont rares, et l'on n'a à se prémunir que contre les fièvres intermittentes et rémittentes, les diarrhées et la dyssenterie, les ophthalmies et les piqûres de scorpion ou de vipère.

Les peuplades de l'intérieur, et surtout leurs chefs, jaloux de leur liberté et de leur autorité, n'ont accueilli jusqu'à présent qu'avec défiance les ouvertures qui leur ont été faites ; mais cette résistance cèdera à l'appât du gain, ce puissant stimulant, surtout le jour où ces mêmes peuplades seront bien persuadées que leurs rapports avec nous leur assurent d'importants bénéfices sans porter aucune atteinte à leur indépendance. Nous empruntons, à l'appui de ce dire, la phrase suivante à une dépêche du 3 août 1874 de M. le Gouverneur général : « Lorsque les Soudaniens seront convaincus » que le commerce est bien notre unique but, ils se » décideront à se rapprocher de nous. » Ne voyons-nous pas l'extrême Orient renoncer à son isolement systématique ; le Japon entrer de plus en plus en relation avec l'Europe, et le Dahomey nous envoyer ses représentants ?

Les Touaregs, d'origine berbère, et qui sont loin de partager la haine mahométane contre l'élément chrétien, dont ils ont fait partie d'ailleurs avant de devenir musulmans par voie de conquête, seront le trait-d'union entre l'Algérie et les riches pays de l'Equateur. La convention de Ghadamès est un premier pas dont les effets n'ont pas été perdus, bien que le cheikh Othman soit mort ; il est permis d'en attendre d'heureuses conséquences, alors surtout qu'elle a été également consentie par le chef de la tribu des Azghâr, El Hâdj Ikhénouken, qui a temoigné de ses bonnes dispositions en mettant à mort les meurtriers de Dornaux-Duperré et de ses compagnons. Notre consul à Ghadamès a, sans doute, pour mission de compléter l'œuvre si bien commencée par MM. Mircher, de Polignac, Vatonne et Hoffmann. Sous ce rapport, l'Angleterre nous a devancés ; elle a un représentant à Mourzouck, capitale du Fezzân.

D'un autre côté, il ne serait pas difficile d'amener les oasis du Touat à commercer avec nous, et il suffirait d'avoir un poste à Figuig pour réduire à l'impuissance les tribus pillardes du Maroc.

N'oublions pas, au surplus, que les marchandises

européennes, expédiées chaque année de Tripoli sur Kano et Tombouctou, ont déjà une valeur de plus de 3 millions ; qu'annuellement une caravane de 4 à 500 chameaux se rend du Maugreb dans l'intérieur de l'Afrique, et que, depuis plusieurs années, la Grande-Bretagne possède à Ghadamès des comptoirs en pleine voie de prospérité.

Toutefois, nous ne pourrons entrer en concurrence avec chance de succès contre cette situation acquise, et songer surtout à détourner sur l'Algérie les courants commerciaux qui, depuis notre occupation, ont pour point de départ et de retour les Etats barbaresques, tant que ceux-ci n'auront pas aboli l'esclavage, ou tout au moins interdit la vente des nègres sur leur territoire. Le gouvernement du Khédive vient d'entrer dans cette voie : il a édicté les peines les plus sévères contre ce genre de commerce à Bravah et Kismayore, et dans les pays dont il a récemment pris possession ; seulement les Anglais qui, en Amérique, sur les côtes d'Afrique et sur mer, font à la traite une guerre à outrance, ne refusent pas de prendre en échange de leurs envois des noirs dont le prix, à Tombouctou, à Kano et à Kachena, varie de 24 à 40 fr. pour les hommes, de 6 à 50 fr. pour les femmes, et dont ils sont certains de trouver un placement très avantageux au Maroc et dans les régences de Tunis et de Tripoli.

Du reste, pour nouer des relations avec le centre de l'Afrique, il n'est pas indispensable d'aller au milieu des peuplades ; il suffirait de les attirer à Ouargla, Metlili et Goléah, en établissant sur ces points des foires, comme M. le Gouverneur général en a manifesté l'heureuse intention. « Touatiens, Touaregs, » Sahariens, tous les commerçants convoyeurs, lisons-» nous dans la *Correspondance algérienne*, s'ar-» rêteraient sans répugnance à ces marchés, pour

» poursuivre au besoin leur voyage à l'Est et à l'Ouest » le jour où ils auront la certitude d'y trouver les » produits d'Europe ayant cours dans le Sud. » L'on pourrait, dans le même but, utiliser les indigènes attachés à la France, et qui ont cependant des relations plus ou moins étendues avec les tribus du Sahara ; on arriverait ainsi à un complet résultat sans s'exposer au fanatisme des chefs religieux d'In-Salah et autres localités de l'intérieur.

A l'égard des esclaves, l'on pourrait adopter une combinaison propre à concilier les droits de l'humanité et la rapace avidité des Soudaniens. « On obtiendrait par là, en peu d'années, dit la Chambre de » commerce d'Alger, un surcroît de population sobre, » laborieuse, que la reconnaissance nous rendrait » fidèle et dévouée. »

Au surplus, la conquête, aujourd'hui définitive, du Dar-Four par le Khédive, et la construction de voies ferrées sur Kartoum, Gondo-Koro et le lac Albert-Nianza doivent ouvrir une ère nouvelle aux explorations dans l'intérieur de l'Afrique. Elles seront secondées encore par la Société khédiviale de géographie inaugurée au Caire le 2 juin 1875.

4

Cette Étude, déjà bien longue, ne peut cependant pas rester étrangère A L'OCTROI DE MER, dont les produits occupent une place si importante parmi les revenus coloniaux. Sans cet octroi, beaucoup de localités ne sauraient exister en tant que communes ; l'opinion est unanime à cet égard.

En 1859 et en 1870, si nos souvenirs nous servent bien, l'on a voulu encore obtenir de cet impôt le moyen, d'abord de s'affranchir de la taxe des loyers et des prestations, puis d'augmenter le budget des travaux d'embellissement et d'amélioration. Seulement les solutions proposées auraient tout à la fois pesé d'un poids trop lourd sur la consommation et gêné outre mesure certaines branches du commerce ; aussi sont-elles restées à l'état de projet.

Cependant la question a toujours le même caractère d'urgence ; elle s'impose de plus en plus à l'attention des villes et des campagnes avec le développement local de la production viticole. Elle n'est pas insoluble du reste ; il suffirait, selon nous, pour la résoudre à la satisfaction de tout le monde, d'étendre la nomenclature annexée à l'ordonnance du 21 décembre 1844, et d'adopter des taxes au poids, au mètre ou au cube, les seules d'une application prompte et facile.

Nous espérons le démontrer.

Le mot OCTROI est la dénomination générique des droits perçus pour le compte des budgets municipaux sur certaines denrées et certaines marchandises, non seulement aux portes des villes, bourgs et villages, mais aussi pour beaucoup de localités, soit dans un périmètre de convention et déterminé par des poteaux, soit même sur toute l'étendue de la commune. La perception de l'octroi, dans l'une ou l'autre de ces conditions, peut devenir la cause de mesures gênantes et parfois blessantes, voire même vexatoires, surtout pour les populations des campagnes qui ont à les subir sans en profiter d'une manière immédiate.

Nous admettons les octrois, car il faut assurer des ressources aux villes et aux communes et les mettre à même de faire face aux dépenses d'entretien et d'amélioration. L'*octroi* est, d'après nous, l'impôt qui se répartit le mieux entre les citoyens d'après le principe d'égalité ; mais nous le voulons dégagé, autant que possible, des entraves et des pertes de temps dont trop souvent, nous devons le reconnaître, on se plaint avec raison.

L'octroi a existé aux portes de nos villes ; installé d'abord à Alger, il a successivement pris possession de tous les centres comptant 1.200 âmes au moins ; il était perçu soit en numéraire, soit en nature ; en voici du reste l'historique :

L'octroi a pris naissance avec notre occupation ; au début, il a porté sur toutes les denrées du pays ; mais bientôt il a été restreint *aux blés, aux peaux d'animaux et aux cuirs*, par un arrêté du 17 septembre 1830, instituant l'*octroi de mer*, c'est-à-dire un octroi sur certains produits étrangers à la Colonie et arrivant *par mer*. Ce dernier octroi atteignait, notamment, *les boissons, les pâtes de Gênes, les farines, les carreaux, la verrerie, la poterie, la faïence, les bois de construction, les fers, les couleurs*, etc. Quelques mois plus tard, en 1831, l'octroi de terre était complétement rétabli par le baron Berthezène. Des taxes de *1 mouzoune à 6 mouzounes* (fr. 0,75 à fr. 0,45) étaient dues pour chaque charge portée à dos d'homme, ou pour chaque âne, mulet, cheval ou chameau chargé entrant à Alger. Le 1er août 1831, la perception changeait de base ; elle portait sur *la charge elle-même*, et suivant que celle-ci se composait de *bois, charbon, beurre, huile, savon, tabac, paille, peau, cire*, etc , le droit variait de 1/4 de sou à un *boudjou* (1 fr. 80) ; il était de *4 pour cent en nature* sur les tabacs.

Mais cet *octroi dit de terre*, pour le distinguer de l'*octroi dit de mer*, ne pesait pas uniquement sur les entrées ; il affectait aussi, à la sortie de la ville, *les étoffes* qui acquittaient une taxe de *1 mouzoune par pièce, de 1 boudjou par charge.*

En 1835, l'octroi de terre fut inauguré dans les trois provinces avec un tarif uniforme, et, à partir du 1er octobre 1842, il recevait son application à l'entrée de toutes les villes comptant 1.200 habitants ; il frappait d'un droit de 15 à 45 centimes *sans s'arrêter à la nature de la marchandise*, chaque charge d'homme, d'âne, de mulet, de cheval, de chameau et de charrette attelée ou traînée à bras ; c'était un retour au premier tarif de 1831, quant à la base de l'impôt. Enfin cet octroi a été supprimé, à dater du 1er avril 1845, par l'ordonnance du 21 décembre 1844 qui a, toutefois, maintenu l'octroi de mer et dont les dipositions sont encore en vigueur.

En 1856, on a voulu rétablir des bureaux de perception aux portes d'Alger ; mais le tarif qui ne comprenait pas moins de 133 articles, eût été d'une application tellement difficile, pour ne pas dire impossible, que le projet d'octroi, élaboré par la commission municipale, n'eut d'autre suite qu'un examen au sein du Conseil du gouvernement ; il fut abandonné sur les conclusions de M. Bequet, rapporteur, dont le souvenir n'est pas, en Algérie, effacé de toutes les mémoires. Ce tarif frappait, en effet, les plus petites pièces de gibier, le lait, les œufs, et jusqu'au moindre fruit que le cultivateur européen ou indigène peut récolter. Il eût nécessité un nombreux personnel, une inspection minutieuse des charges, ainsi que la visite à corps des personnes, visite interdite pourtant par l'ordonnance du 9 décembre 1814 considérée comme la charte des octrois.

Depuis 1845, les denrées et produits nommément désignés *provenant d'ailleurs que de la Colonie* sont donc les seuls atteints par l'octroi. Limitée d'abord aux importations par mer, la mesure a été rendue exécutoire sur les frontières de la Tunisie et du Maroc par l'article 10 d'un décret du 11 août 1853. Mais nous devons ajouter que les recettes de cet octroi n'appartiennent pas exclusivement aux villes dans lesquelles elle sont perçues ; elles constituent, au contraire, *un revenu acquis à tous les centres au prorata de la population,* les indigènes comptant pour 1/8 de leur effectif, elles profitent aussi à toutes les communes ; elles font l'objet de répartitions dont les etats sont dressés et arrêtés par MM. les préfets.

L'octroi de mer a tous les avantages des octrois de France, sans en entraîner les inconvénients. Son application, confiée au service des douanes, procure à nos villes et à nos villages une ressource relativement importante, sans occasionner d'autres frais de recouvrement, pour les communes, que la remise assez faible prélevée par le Trésor ; sans imposer au commerce d'autres formalités que celles voulues par les règlements de douane ; il en résulte pour les négociants économie et de temps et d'argent, en ce sens qu'ils n'ont jamais à produire qu'une déclaration, à subir qu'une vérification. C'est une heureuse combinaison. Aussi ne faut-il pas s'arrêter à l'idée émise par des organes de la presse de constituer, *pour les communes rurales des octrois spéciaux, pour Alger l'octroi de terre,* dont le succès est loin d'être certain, et dont le fonctionnement, dans tous les cas, absorberait, au minimum, 30 p. 0/0 des perceptions. Ces octrois, et surtout *les taxes de transit et de stationnement* dont on a aussi parlé, auraient le grand tort de faire revivre en Algérie *les traites intérieures* ou droits locaux, abolies en France par la loi du 5 novembre 1790, car le bénéfice de ces taxes, une fois concédé à la ville d'Alger, ne tarderait pas à être réclamé par d'autres communes dont le budget laissent également à désirer. Il est préférable à tous les points de vue de s'en tenir à l'octroi de mer ; on le connaît ; l'expérience faite est des plus satisfaisantes.

Seulement, pour se ménager de nouvelles ressources et couvrir tout d'abord le déficit occasionné par la substitution de plus en plus marquée des vins de la Colonie aux vins d'Europe dont les arrivages diminuent d'année en année depuis 1872, ainsi que le fait ressortir le tableau ci-après, l'on pourrait inscrire au tarif d'octroi 21 nouveaux articles : il n'y aurait là aucune innovation ; cinq de ses produits ont déjà été taxés en 1830 et en 1831 ; les autres sont soumis à l'octroi dans plusieurs villes de France. D'ailleurs les droits rappelés plus bas ne constitueraient pas une charge sensiblement appréciable pour la consommation, tout en procurant cependant aux communes un revenu complémentaire de plus de 1.228.000 francs au minimun par année.

TABLEAU

DES PRODUITS DE L'OCTROI ET DU VIN IMPORTÉ DE 1855 A 1874

ANNÉES	PRODUIT DE L'OCTROI dans le département. d'Oran	d'Alger	de Constantine	TOTAL.	VINS importés hectolitre
1855	605.380	1.015.549	761.640	2.382.569	201.201
1856	770.697	1.146.534	728.973	2.646.204	251.230
1857	694.723	1.183.237	813.878	2.691.838	253.752
1858	779.823	1.345.122	861.008	2.985.953	309.103
1859	1.011.043	1.496.992	1.011.793	3.519.828	397.791
1860	799.778	1.257.483	892.646	2.949.907	218.360
1861	892.959	1.274.327	1.092.542	3.259.828	347.288
1862	886.766	1.345.740	964.537	3.199.043	341.261
1863	912.097	1.302.401	1.024.139	3.218.637	342.026
1864	1.053.356	1.392.811	1.080.231	3.526.398	281.493
1865	1.238.385	1.656.376	1.214.011	4.108.772	410.068
1866	1.314.439	1.537.997	1.440.828	4.293.264	479.608
1867	1.119.271	1.602.321	1.315.838	4.037.430	423.714
1868	1.202.746	1.710.106	1.421.350	4.334.202	430.978
1869	1.174.355	1.737.838	1.420.421	4.332.614	421.584
1870	1.199.173	1.664.249	1.307.368	4.170.790	444.169
1871	1.363.555	1.760.905	1.490.524	4.614.984	474.474
1872	1.206.115	1.820.377	1.449.314	4.475.806	417.357
1873	1.049.229	1.593.675	1.417.520	4.060.424	337.023
1874	1.171.399	1.539.779	1.363.244	4.074.422	314.366

RELEVÉ

DES PRODUITS SUSCEPTIBLES DE SUPPORTER UNE TAXE D'OCTROI DE MER SANS INCONVÉNIENT APPRÉCIABLE POUR LA CONSOMMATION.

NATURE des PRODUITS	UNITÉ	IMPORTATIONS DU DÉPARTEMENT d'Oran	IMPORTATIONS DU DÉPARTEMENT d'Alger	IMPORTATIONS DU DÉPARTEMENT de Constantine	TOTAL	Unité de perception	Quotité du droit	MONTANT des Perceptions (chiffres ronds)
								fr.
Beurre	kil	72.694	185.678	71.986	330.358	100k.	3 »	9.911
Huîtres et coquillages	»	1.250	21.867	5.605	28.722	»	5 »	1.436
Farines de toute sorte	»	168.800	263.001	642.100	1.073.901	»	5 »	53.695
Riz	»	859.136	794.440	257.191	1.900.767	»	» 50	9.504
Fruits frais, secs et oléagineux	»	9.056.540	2.301.757	1.047.403	12.405.700	»	» 50	62.029
Légumes autres qu'au vinaigre	»	679.800	816.828	486.982	1.983.610	»	» 25	4.959
Pommes de terres	»	2.421.365	4.600.994	2.038.707	9.061.066	»	» 25	22.653
Huiles { végétales	»	1.657.740	633.162	713.065	3.003.967	»	3 »	90.119
Huiles { minérales	»	435.187	761.243	199.852	1.396.282	»	3 »	41.888
Bois { de chauffage	stè	933	118	459	1.510	stère	1 »	1.510
Bois { à construire { bruts	»	1.225	7.704	3.152	12.081	»	1 »	12.081
Bois { à construire { sciés	m.	986.627	1.835.340	1.291.428	4.113.495	100m.	1 »	41.135

Matériaux	kil	3.330.872	6.880.396	9.761.057	19.972.325	100k.	»	25	49.930
Houille	»	15.988.000	28.998.550	11.802.600	56.789.150	»	»	10	56.789
Métaux	»	1.675.567	2.401.949	944.668	5.022.184	»	2	»	100.444
Médicaments	»	75.887	96.444	58.293	230.624	»	20	»	46.125
Eaux minérales	»	49.438	108.036	59.562	217.036	»	10	»	21.704
Poterie et verrerie	»	1.666.703	1.761.493	1.376.551	4.804.747	»	1	»	48.047
Tissus y compris les vêtements neufs	»	2.040.747	4.324.526	1.468.506	7.833.779	»	5	»	391.689
Ouvrages en métaux	»	959.988	1.416.952	1.400.317	3.777.257	»	4	»	151.090
Parfumerie, savons	»	23.660	34.630	56.483	114.773	»	10	»	11.477
Total des perceptions possibles									1.228.215

Cette addition à la nomenclature du tarif d'octroi, très compatible avec les traités de commerce en vigueur, *puisque les nouvelles taxes atteindraient indistinctement les provenances nationales et les provenances étrangères,* nous paraît de nature à concilier tous les intérêts. Elle permettrait, peut-être, de renoncer à la taxe des loyers, au grand contentement de la population, et dans tous les cas, elle procurerait le moyen de donner suite à certains projets, dont la réalisation est toujours différée faute de fonds.

En terminant cette Étude et comme son complément, nous avons établi (Voir le tableau N° 5) le tarif annoté d'*octroi de mer* avec l'indication des droits dont les mêmes produits sont passibles, *en matières de douane.*

TABLE DES MATIÈRES

TABLEAUX.

TABLEAU N° 1

PRINCIPALES MARCHANDISES EXPORTÉES

* A partir de 1863, l'unité du blé et de l'orge est le quintal. L'hectolitre pèse pour { le blé 76 kil. / l'orge 60 kil.

NATURE des MARCHANDISES	UNITÉS	1840	1845	1850	1851	1852	1853	1854	1855	1856	1857
Chevaux	tête	49	61	51	157	88	87	1.094	506	54	414
Bêtes … bovines	—	»	17	1.154	1.251	714	654	2.345	153	1.767	1.357
Bêtes … à laines	—	»	65	4.984	31.187	53.294	39.141	44.667	28.955	28.453	41.814
Sangsues	le mille	1.141	2.534	788	1.051	1.089	824	938	1.363	723	1.016
Peaux brutes	kilog.	1.400.192	1.490.127	1.704.404	1.349.210	1.459.622	1.561.730	894.240	612.092	673.159	1.776.092
Laines en masse	—	446.997	1.639.665	2.138.195	2.781.471	3.345.499	4.346.890	1.557.087	2.836.741	3.756.633	5.189.848
Soies	—	»	187	»	»	»	4.514	1.063	2.703	2.057	1.529
Cire non ouvrée	—	11.593	63.644	60.121	66.744	87.120	83.804	68.902	64.724	33.626	95.661
Suif brut	—	32.011	53.856	»	»	300.692	205.155	270.690	294.802	276.603	233.442
Poissons de mer	—	»	»	77.944	71.272	24.356	16.901	5.563	44.884	230.521	417.565
Corail brut	—	9.310	28.161	8.483	6.735	28.725	27.155	23.042	11.243	9.557	13.927
Os, sabots et cornes de bétail	—	506.745	427.059	1.020.364	895.124	624.024	976.777	713.708	764.619	856.950	905.004
Céréales* … blé	hectol.	9	54.470	3.378	98.769	352.647	516.929	1.033.718	1.232.185	460.494	351.706
Céréales* … orge	—	13	4.936	23.414	35.032	98.335	508.053	551.048	546.647	247.757	58.984
Céréales* … farines	kilog.	»	»	»	»	»	367	37.272	41.581	8.001	2.074
Légumes … secs	—	»	»	»	»	1.078.626	3.130.333	4.340.548	2.926.772	1.527.564	1.196.593
Légumes … verts	—	»	»	»	»	»	»	»	62.401	40.424	30.952
Fruits … frais	—	»	15.502	»	»	496.880	426.800	264.829	424.692	501.842	584.084
Fruits … secs	—	»	15.687	»	»	90.097	150.384	76.069	106.528	511.689	430.676
Tabac … en feuilles	—	15.761	41.363	219.350	205.980	292.640	1.044.273	1.330.385	2.813.604	3.181.556	3.449.402
Tabac … fabriqué	—	»	»	»	»	54.282	56.286	87.872	207.779	120.657	124.192
Huile d'olive	—	3.353	473.502	92.661	6.329.013	5.787.538	1.783.327	2.486.632	1.517.625	1.072.010	87.800
Liège brut	—	»	15.780	»	»	»	»	»	»	»	»
Joncs et roseaux	—	»	»	»	»	217.811	24.210	7.455	265.926	696.324	183.408
Coton	—	»	»	»	»	»	4.301	17.188	81.893	71.154	70.460
Crin végétal	—	»	8.581	»	»	»	158.811	143.074	327.713	689.690	763.053
Feuilles de palmiers nains	—	»	»	»	»	55.820	15.187	207.336	291.160	502.805	24.460
Fourrages	—	»	163.480	234.000	236.575	291.368	50.702	9.456.580	19.641.508	11.492.973	240.843
Minerais … de fer	quintal	»	»	»	1.800	62	2	33.315	14.777	37.355	42.051
Minerais … de cuivre	—	»	»	7.683	8.411	8.365	10.067	7.570	8.474	15.979	14.154
Minerais … de plomb	—	»	»	3.143	17.115	3.351	31.125	31.997	54.713	58.618	54.945
Graines oléagineuses de lin	kilog.	»	»	»	»	»	»	»	»	»	»
Lin teillé et étoupes	—	»	»	»	»	»	»	»	»	»	»
Céréales … seigle	quintal	»	»	»	»	»	»	»	»	»	»
Céréales … avoine	—	»	»	»	»	»	»	»	»	»	»
Ecorces à tan	kilog.	»	»	»	»	»	»	»	»	»	»
Marbres en bloc ou en tranches	—	»	»	»	»	»	»	»	»	»	»
Vins de toutes sortes	hectol.	»	»	»	»	»	»	»	»	»	»

NATURE des MARCHANDISES	UNITÉS	1858	1859	1860	1861	1862	1863	1864	1865	1866
Chevaux	tête	244	315	289	821	1.266	1.369	1.702	1.444	1.126
Bêtes … bovines	—	3.365	5.435	[illegible].662	13.289	9.286	14.812	24.408	25.333	22.667
Bêtes … à laines	—	32.231	48.457	[illegible].124	92.398	44.710	103.342	142.007	245.126	178.259
Sangsues	le mille	1.263	1.442	[illegible].369	1.032	918	2.423	2.242	1.207	1.274
Peaux brutes	kilog.	1.125.297	2.219.501	2.9[illegible].007	2.098.242	1.394.274	1.813.512	1.360.070	1.304.873	1.384.753
Laines en masse	—	3.344.164	8.494.143	6.6[illegible].763	4.767.505	3.674.752	6.023.956	6.804.191	6.852.091	6.595.331
Soies	—	1.755	1.650	[illegible].647	2.395	2.640	5.086	5.911	4.766	6.465
Cire non ouvrée	—	42.667	103.205	[illegible].935	75.348	49.368	122.196	79.192	76.338	74.230
Suif brut	—	425.933	445.472	4[illegible].882	546.726	338.385	356.427	472.107	446.188	377.674
Poissons de mer	—	327.810	84.854	3[illegible].227	413.047	479.416	629.378	1.044.053	1.297.509	1.018.459
Corail brut	—	27.402	33.037	[illegible].881	37.118	29.538	32.887	35.144	30.867	34.967
Os, sabots et cornes de bétail	—	1.030.441	1.287.443	8[illegible].836	1.396.815	1.930.947	2.260.672	1.203.508	1.244.246	1.569.775
Céréales* … blé	hectol.	486.129	243.180	3[illegible].036	319.582	169.849	* 229.350	614.222	394.820	196.223
Céréales* … orge	—	30.791	59.765	[illegible].630	386.581	54.334	* 236.560	597.553	315.955	50.959
Céréales* … farines	kilog.	25.760	7.063	[illegible].785	19.545	7.146	12.248	53.162	60.394	22.819
Légumes … secs	—	1.550.319	554.635	2.1[illegible].099	4.226.534	842.848	614.437	5.266.278	4.861.171	720.923
Légumes … verts	—	85.881	49.555	2[illegible].228	140.993	304.552	430.026	674.429	758.395	1.015.272
Fruits … frais	—	722.955	369.987	9[illegible].834	672.974	879.043	1.039.460	1.304.668	2.203.289	1.460.030
Fruits … secs	—	1.010.663	421.636	1.8[illegible].277	920.028	872.335	434.039	1.306.092	1.241.468	587.039
Tabac … en feuilles	—	5.267.927	4.379.983	5.2[illegible].483	3.482.857	1.976.560	3.576.454	3.540.943	3.200.835	2.203.508
Tabac … fabriqué	—	140.275	149.979	17[illegible].751	239.282	249.797	334.258	393.432	455.197	375.496
Huile d'olive	—	3.959.997	728.844	2.6[illegible].858	1.742.923	3.437.463	398.734	4.317.301	785.926	3.177.141
Liège brut	—	229.440	352.188	40[illegible].443	952.260	107.773	201.327	352.155	631.141	908.320
Joncs et roseaux	—	1.004	24.575	6[illegible].998	1.336.953	448.126	2.563.215	3.165.230	1.521.336	3.509.979
Coton	—	104.638	120.935	9[illegible].794	297.135	126.884	141.257	433.307	615.185	744.158
Crin végétal	—	667.143	617.211	1.02[illegible].934	1.616.279	1.481.506	1.427.649	1.833.328	3.142.747	3.003.621
Feuilles de palmiers nains	—	17.482	131.685	2[illegible].159	91.723	82.927	86.672	999	24.323	24.637
Fourrages	—	470.371	3.790.052	1.68[illegible].337	1.588.590	627.757	745.676	3.751.301	7.197.518	3.143.482
Minerais … de fer	quintal	104.183	135.800	13[illegible].784	139.928	227.553	221.956	310.567	524.499	1.242.743
Minerais … de cuivre	—	17.044	5.262	[illegible].655	6.464	6.506	14.637	12.417	11.600	9.722
Minerais … de plomb	—	48.782	54.744	5[illegible].657	45.162	19.672	27.504	16.935	18.424	21.174
Graines oléagineuses de lin	kilog.	»	»	»	»	»	»	»	102.872	101.048
Lin teillé et étoupes	—	»	»	»	»	»	»	»	605.050	288.728
Céréales … seigle	quintal	»	»	»	»	»	»	»	»	»
Céréales … avoine	—	»	»	»	»	»	»	»	»	»
Ecorces à tan	kilog.	»	»	»	»	»	»	»	»	6.027.804
Marbres en bloc ou en tranches	—	»	»	»	»	»	»	»	»	»
Vins de toutes sortes	hectol.	»	»	»	»	»	»	»	»	»

NATURE des MARCHANDISES	UNITÉS	1867	1868	1869	1870	1871	1872	1873	1874
Chevaux	tête	1.619	410	414	263	350	214	190	525
Bêtes … bovines	—	30.309	23.443	22.094	2.476	3.640	18.952	10.312	3.079
Bêtes … à laines	—	285.464	351.541	236.425	242.096	310.914	655.642	555.265	341.055
Sangsues	le mille	824	572	328	142	43	23	23	346
Peaux brutes	kilog.	2.782.967	5.604.166	1.476.258	808.813	995.851	1.790.581	1.099.472	1.289.503
Laines en masse	—	6.279.626	5.816.096	2.602.257	2.761.547	4.517.148	8.300.559	5.525.830	7.290.567
Soies	—	4.564	4.683	4.205	3.446	6.208	8.015	5.273	5.995
Cire non ouvrée	—	43.590	139.610	64.115	74.365	78.186	112.619	74.801	102.145
Suif brut	—	305.959	230.197	439.198	178.345	208.282	232.753	250.968	278.307
Poissons de mer	—	817.514	1.604.777	1.324.752	2.249.025	2.699.113	3.344.465	4.494.764	5.386.126
Corail brut	—	29.081	31.899	30.233	32.683	31.384	32.849	30.264	40.786
Os, sabots et cornes de bétail	—	1.829.661	1.899.156	1.347.744	2.029.321	1.132.360	1.528.168	1.749.706	1.556.214
Céréales* … blé	hectol.	49.924	335.409	217.115	150.447	534.674	915.111	1.145.785	1.052.843
Céréales* … orge	—	5.811	240.913	498.660	174.744	343.240	406.467	749.315	757.325
Céréales* … farines	kilog.	12.809	42.349	73.951	297.342	105.023	101.083	85.801	60.397
Légumes … secs	—	337.082	1.285.214	2.059.288	3.738.997	7.267.925	8.558.893	10.101.944	9.758.571
Légumes … verts	—	855.430	1.027.658	1.002.772	1.505.421	658.222	1.242.335	1.451.811	1.394.785
Fruits … frais	—	744.654	726.736	1.324.016	1.246.003	2.175.498	2.292.248	2.447.677	2.415.159
Fruits … secs	—	479.735	487.819	1.463.621	262.031	2.433.388	2.179.655	3.450.481	1.520.572
Tabac … en feuilles	—	1.555.724	1.502.814	2.811.339	1.842.760	2.179.282	2.811.168	4.027.690	3.307.573
Tabac … fabriqué	—	347.772	391.736	692.231	517.851	448.431	368.300	775.460	737.996
Huile d'olive	—	3.275.555	891.501	7.981.239	1.718.624	4.237.942	2.528.144	6.829.783	1.472.704
Liège brut	—	896.465	1.334.925	2.831.109	1.745.221	1.578.239	2.088.899	2.234.526	3.381.902
Joncs et roseaux	—	4.120.419	3.813.533	5.300.209	43.217.844	60.942.800	44.006.946	45.966.646	58.857.000
Coton	—	381.603	376.982	282.584	346.899	271.479	241.302	183.219	156.520
Crin végétal	—	2.213.167	2.233.324	4.835.630	3.851.282	4.252.789	9.011.919	5.922.545	4.534.440
Feuilles de palmiers nains	—	2.054	543	14.085	65.436	1.471.737	190.400	559.384	4.376
Fourrages	—	1.253.446	3.554.425	6.045.577	11.353.263	12.978.033	4.982.858	2.505.105	4.594.954
Minerais … de fer	quintal	1.627.701	2.433.373	2.152.045	1.694.290	1.723.326	3.944.894	4.206.955	4.602.728
Minerais … de cuivre	—	9.114	10.462	48	650	11	1.108	719	4.928
Minerais … de plomb	—	23.533	69.858	28.270	34.065	26.108	35.135	54.462	30.497
Graines oléagineuses de lin	kilog.	157.996	74.741	242.327	152.374	3.884.847	2.421.339	3.194.027	4.489.134
Lin teillé et étoupes	—	1.187.984	2.392.976	2.072.800	3.984.880	79.937	129.548	92.010	68.792
Céréales … seigle	quintal	»	»	»	»	3.750	»	12	31
Céréales … avoine	—	»	»	»	»	409.393	119.036	114.878	90.057
Ecorces à tan	kilog.	8.069.997	7.973.198	8.394.038	10.097.468	5.945.060	9.623.626	8.316.512	10.575.793
Marbres en bloc ou en tranches	—	»	»	»	»	9.184	6.377	936	106.116
Vins de toutes sortes	hectol.	»	»	»	»	1.359	7.537	10.771	13.063

TABLEAU N° 2.

PRINCIPALES MARCHANDISES IMPORTÉES

* Jusqu'en 1855 les tabacs en feuilles figurent à la valeur.

NATURE des MARCHANDISES	UNITÉS	1840	1845	1850	1851	1852	1853	1854	1855	1856
Viandes salées	kilog.	1.120.819	1.567.157	458.937	316.936	375.260	498.703	459.023	537.600	1.152.982
Graisses	—	»	»	646.369	594.905	528.210	587.446	354.298	466.996	371.679
Fromages	—	»	698.594	774.155	725.912	685.887	713.201	674.567	730.762	857.654
Poissons de mer	—	»	466.773	522.387	575.200	479.454	412.734	272.644	625.788	436.867
Farine de froment	—	10.054.377	19.404.572	16.799.476	15.186.034	10.150.744	4.143.649	1.448.079	679.590	4.241.235
Riz	—	»	2.054.738	»	»	1.437.068	1.474.931	1.454.794	1.250.425	1.443.285
Pommes de terre	—	»	2.243.034	»	»	2.819.535	2.707.322	2.369.190	3.097.837	3.515.718
Légumes secs	—	»	1.848.144	1.839.338	1.854.145	902.300	1.296.504	910.326	1.044.258	1.338.662
Fruits — frais	—	»	2.455.135	2.517.606	1.645.806	2.444.713	3.432.297	2.638.086	3.508.589	4.220.040
Fruits — secs	—	»	481.877	394.273	259.362	168.892	127.791	413.410	506.818	664.976
Fruits — oléagineux	—	»	404.064	»	»	294.382	269.616	300.534	493.610	539.096
Sucres — Bruts	—	417.056	593.911	427.190	309.084	329.485	514.059	577.202	790.957	549.376
Sucres — Raffinés	—	1.188.982	2.070.693	3.027.819	2.846.578	2.845.063	4.416.576	3.835.176	5.152.512	5.108.105
Café	—	514.947	857.941	1.081.565	1.174.148	1.310.068	1.422.285	1.755.541	1.806.911	1.933.925
Tabac en feuilles	—	* 466.462	* 926.006	* 777.312	* 706.395	* 818.198	* 578.333	* 764.682	*1.091.230	1.275.913
Huile — d'olive	—	1.496.591	703.097	848.256	317.844	198.046	123.009	134.095	745.254	514.489
Huile — de graines	—	»	»	664.858	781.528	1.575.982	1.981.354	1.232.846	767.845	868.640
Bois à construire — bruts	stère	»	»	»	»	8.558	13.511	5.879	6.333	7.471
Bois à construire — seiés	mètres	»	»	1.027.363	947.483	1.834.403	1.879.752	2.329.743	2.872.485	2.555.087
Matériaux	valeur	»	1.790.949	»	»	1.867.130	1.505.984	2.125.627	1.122.577	1.040.381
Houille	quintal	198.061	341.461	214.324	223.874	229.947	283.236	402.673	399.120	329.092
Fonte, fer et acier	kilog.	891.086	2.498.584	3.188.308	1.014.225	842.950	1.429.273	1.651.582	3.548.235	2.944.283
Savon ordinaire	—	»	767.251	1.120.755	1.097.888	1.279.482	1.705.751	1.644.432	2.279.858	2.239.401
Acide stéarique, ouvré	—	»	192.083	»	»	248.272	270.470	282.000	402.527	572.148
Boissons — Vins	hectol.	220.692	343.527	402.131	385.442	400.546	308.077	181.836	201.201	254.230
Boissons — Eaux-de-vie	—	11.400	20.526	16.436	16.625	14.707	14.063	12.123	14.475	18.955
Poterie de terre grossière	kilog.	»	383.964	»	»	439.561	530.272	530.793	578.764	890.664
Faïence, porcelaine et grès	—	»	495.613	»	»	539.522	700.479	734.249	807.258	1.095.738
Verres et cristaux	valeur	203.065	802.186	»	»	506.746	534.284	422.679	803.686	888.315
Tissus — de coton	—	3.821.711	19.804.714	6.789.956	7.474.973	13.608.827	14.942.389	20.137.922	23.308.847	23.234.787
Tissus — de chanvre	—	540.868	1.849.192	579.756	666.727	1.344.854	2.148.445	1.779.274	2.263.125	2.603.260
Tissus — de laine	—	1.417.447	8.754.052	»	»	4.476.577	4.304.147	5.078.524	7.153.808	7.522.444
Tissus — de soie	—	982.189	2.797.162	»	»	1.235.239	1.970.467	2.460.968	3.046.890	3.759.249
Papier et carton	kilog.	»	321.537	»	»	820.626	638.095	567.152	646.580	533.690
Peaux préparées et ouvrées	valeur	842.678	1.751.727	991.527	880.246	1.661.060	1.722.694	1.990.610	2.360.130	2.325.670
Ouvrages en métaux	—	572.800	1.507.680	503.818	456.623	755.763	1.047.970	1.095.876	1.416.092	1.538.550
Poivre et piment	kilog.	»	»	»	»	»	»	»	»	»
Houblon	—	»	»	»	»	»	»	»	»	»
Tabacs fabriqués	—	»	»	»	»	»	»	»	»	»

NATURE des MARCHANDISES	1857	1858	1859	1860	1861	1862	1863	1864	1865
Viandes salées	1.033.381	523.070	814.588	718.866	479.191	514.322	622.808	562.446	602.235
Graisses	494.201	431.140	482.213	528.293	480.844	630.539	654.454	590.944	578.474
Fromages	930.192	901.443	930.981	934.304	832.595	839.444	848.231	843.350	937.209
Poissons de mer	546.447	471.397	505.253	458.399	413.785	443.014	438.477	447.042	534.209
Farine de froment	4.220.983	4.380.235	14.071.975	6.737.536	3.885.151	2.727.040	3.783.746	119.069	203.112
Riz	1.823.090	1.392.584	1.446.296	1.041.697	1.258.158	1.177.545	1.434.668	1.729.889	1.598.045
Pommes de terre	3.953.030	4.438.441	4.615.389	3.848.467	5.185.328	6.256.863	7.822.080	5.458.945	6.586.541
Légumes secs	1.449.323	1.387.823	1.367.384	922.809	1.276.502	1.455.450	1.604.606	975.535	1.530.608
Fruits — frais	3.757.410	4.404.054	4.043.804	2.582.469	3.271.912	4.115.682	4.477.364	3.406.780	4.279.247
Fruits — secs	562.395	379.841	402.998	450.500	543.544	682.415	785.125	644.326	609.729
Fruits — oléagineux	459.158	527.474	541.535	517.462	655.642	692.383	732.702	746.084	705.347
Sucres — Bruts	888.891	676.517	856.469	708.954	812.900	920.396	805.372	713.579	921.057
Sucres — Raffinés	4.840.278	5.049.885	5.615.778	4.960.118	5.350.687	5.342.464	5.544.304	5.650.185	6.070.953
Café	1.887.161	1.944.197	2.061.737	2.174.353	2.046.898	1.695.062	2.014.166	2.236.467	2.268.620
Tabac en feuilles	846.747	1.131.673	1.323.321	1.055.954	867.741	771.527	784.181	738.698	834.493
Huile — d'olive	* 691.229	505.066	481.821	285.754	288.248	286.492	838.214	381.209	656.444
Huile — de graines	1.958.258	1.443.760	1.626.336	1.603.072	1.478.727	1.425.084	2.181.945	1.407.780	1.161.785
Bois à construire — bruts	5.386	10.559	5.189	7.940	12.523	33.443	13.850	5.912	18.165
Bois à construire — seiés	3.443.531	2.952.630	1.950.982	2.824.128	1.756.228	2.520.315	2.502.350	1.807.471	2.940.560
Matériaux	1.542.607	1.082.654	983.134	2.420.179	1.125.444	2.063.470	1.597.014	1.190.547	1.203.598
Houille	351.275	400.799	548.039	324.786	347.886	436.948	450.244	399.401	450.199
Fonte, fer et acier	2.913.826	2.633.157	2.364.910	2.248.891	2.770.791	9.600.949	3.832.733	3.340.369	8.204.854
Savon ordinaire	2.313.647	2.483.757	2.495.502	2.358.158	2.794.096	2.571.142	2.858.463	2.827.819	3.282.067
Acide stéarique, ouvré	370.960	351.059	314.903	317.868	363.495	293.630	334.499	393.796	406.117
Boissons — Vins	353.752	309.103	397.791	248.360	347.288	341.261	342.026	281.493	410.068
Boissons — Eaux-de-vie	22.146	19.523	19.723	14.461	21.089	20.588	21.625	22.890	23.824
Poterie de terre grossière	721.000	835.284	755.801	636.955	1.028.453	761.050	822.257	1.038.976	1.152.007
Faïence, porcelaine et grès	1.206.509	1.546.253	1.508.441	1.009.798	1.149.970	1.089.629	1.291.465	1.037.905	1.165.347
Verres et cristaux	966.375	788.876	714.583	746.323	864.339	784.775	1.066.574	988.604	1.179.184
Tissus — de coton	20.376.407	19.874.029	17.322.214	25.483.443	21.347.904	15.115.750	18.348.098	34.952.673	51.862.208
Tissus — de chanvre	2.504.543	2.139.412	1.890.081	2.679.252	3.465.533	2.116.269	2.630.280	5.902.218	7.970.194
Tissus — de laine	6.087.595	7.102.814	6.139.732	7.668.645	5.444.367	5.027.833	6.550.186	8.646.014	8.792.345
Tissus — de soie	2.693.715	3.323.042	2.840.904	3.246.770	4.395.405	3.695.249	3.663.461	4.206.006	4.381.477
Papier et carton	695.914	827.343	865.509	1.024.364	909.070	832.046	875.768	933.705	949.933
Peaux préparées et ouvrées	3.213.790	3.503.272	3.888.844	4.848.248	4.338.189	4.278.341	5.266.636	6.724.594	6.025.529
Ouvrages en métaux	1.979.369	1.750.733	2.070.683	2.500.578	2.444.484	3.609.213	3.517.777	2.899.742	3.041.560
Poivre et piment	»	»	»	»	»	»	»	»	»
Houblon	»	»	»	»	»	»	»	»	»
Tabacs fabriqués	»	»	»	»	»	»	»	»	»

NATURE des MARCHANDISES	1866	1867	1868	1869	1870	1871	1872	1873	1874
Viandes salées	520.130	595.884	581.990	537.456	745.288	1.021.520	430.340	403.406	532.922
Graisses	612.981	661.771	670.741	554.057	663.179	666.065	568.430	527.844	607.020
Fromages	982.223	1.029.779	1.075.809	1.119.964	996.314	1.050.471	1.125.487	1.140.423	1.208.021
Poissons de mer	476.428	455.384	652.337	798.691	811.797	1.032.623	796.077	1.079.324	1.142.584
Farine de froment	4.335.239	14.734.015	13.133.279	7.160.217	10.464.530	3.257.503	1.613.142	919.328	760.141
Riz	1.204.342	2.622.677	2.879.813	1.649.846	2.023.338	1.942.271	1.621.469	1.643.356	1.904.738
Pommes de terre	6.305.182	7.081.072	6.523.445	6.289.305	5.998.281	7.585.904	9.152.963	9.035.012	9.060.760
Légumes secs	2.178.973	5.387.784	3.387.497	2.348.497	1.803.681	2.332.843	2.155.964	1.955.336	2.003.693
Fruits — frais	2.877.447	5.779.358	4.568.445	3.643.766	3.032.256	4.130.728	4.583.156	4.061.343	3.239.532
Fruits — secs	596.744	1.600.186	5.041.094	2.229.988	1.457.079	2.654.195	2.236.968	2.102.659	3.656.996
Fruits — oléagineux	692.563	909.282	934.189	786.903	838.060	899.750	728.123	1.021.983	1.268.182
Sucres — Bruts	805.921	940.016	1.058.622	898.400	1.044.031	1.711.282	922.624	1.004.988	1.289.636
Sucres — Raffinés	5.844.182	6.049.586	6.327.768	6.511.017	6.893.312	6.262.642	6.548.163	7.217.837	7.315.966
Café	2.269.371	2.340.339	2.463.901	2.595.069	2.163.560	2.771.629	2.436.204	2.595.079	2.551.300
Tabac en feuilles	1.019.279	820.386	882.136	1.543.200	939.050	1.218.291	1.360.158	1.860.002	2.122.197
Huile — d'olive	624.723	314.553	545.263	741.510	510.944	1.193.389	1.288.578	1.829.987	1.647.440
Huile — de graines	1.193.834	1.746.264	3.035.162	1.287.072	1.749.605	1.278.826	1.290.135	1.118.981	1.409.190
Bois à construire — bruts	7.104	14.860	9.875	8.784	7.705	6.147	6.966	8.352	14.455
Bois à construire — seiés	2.903.219	3.703.641	1.554.237	1.942.674	2.935.740	1.823.282	3.465.742	3.207.049	4.107.438
Matériaux	1.804.726	2.320.603	2.433.938	2.236.804	1.710.425	1.108.348	1.316.270	1.352.295	1.005.446
Houille	441.790	543.569	545.191	530.503	799.899	620.123	590.178	746.320	680.879
Fonte, fer et acier	13.741.655	9.945.515	8.801.027	16.030.399	10.526.689	4.020.598	4.533.509	5.364.370	5.456.571
Savon ordinaire	3.113.212	3.036.671	3.386.968	4.134.414	3.836.088	4.658.183	5.003.776	5.338.708	5.763.856
Acide stéarique, ouvré	391.936	448.159	522.582	565.178	498.786	506.585	770.731	762.352	623.753
Boissons — Vins	479.608	423.714	430.978	421.584	414.169	470.457	447.357	337.023	314.360
Boissons — Eaux-de-vie	25.206	22.523	27.058	26.794	26.586	29.563	29.400	27.311	30.095
Poterie de terre grossière	1.068.810	895.356	876.782	1.182.948	1.744.363	1.245.866	1.679.609	1.186.753	1.248.194
Faïence, porcelaine et grès	1.186.046	1.334.903	572.130	709.702	742.641	772.934	1.217.409	1.541.914	1.520.090
Verres et cristaux	1.153.619	1.202.244	1.360.280	1.290.732	1.167.794	851.773	1.870.077	1.927.997	1.627.678
Tissus — de coton	54.190.219	38.607.409	25.761.055	32.888.491	34.907.001	39.463.141	47.321.426	42.314.711	42.081.142
Tissus — de chanvre	5.671.507	4.437.150	4.760.016	5.298.334	6.034.092	7.664.661	8.121.230	9.642.333	8.919.770
Tissus — de laine	10.197.058	8.544.069	11.545.378	12.574.708	10.965.727	15.616.798	15.092.354	10.254.309	9.129.053
Tissus — de soie	4.069.842	3.031.183	2.206.975	4.824.001	3.524.171	4.316.307	4.354.535	5.438.294	5.207.533
Papier et carton	1.139.084	1.149.464	1.210.734	1.264.934	1.186.916	1.198.751	1.639.727	1.568.799	1.424.016
Peaux préparées et ouvrées	7.004.657	13.182.700	5.187.103	5.906.913	7.716.747	8.387.554	8.385.287	8.603.835	8.382.528
Ouvrages en métaux	6.136.052	6.774.729	8.030.966	6.413.592	7.839.183	3.063.803	4.377.541	4.122.050	5.129.954
Poivre et piment	»	»	»	»	»	289.372	248.448	311.609	354.767
Houblon	»	»	»	»	»	45.945	43.435	45.103	39.315
Tabacs fabriqués	»	»	»	»	»	248.274	209.793	321.574	177.149

TABLEAU N° 3

MOUVEMENT DE LA NAVIGATION PAR PAVILLONS

(ENTRÉE)

PAVILLONS	1840		1845		1850		1855		1860		1865		1870		1871		1872		1873		1874	
	Nombre	Tonnage	Nombre	Tonnage	Nombre	Tonnage	Nombre	Tonnage	Nombre	Tonnage	Nombre	Tonnage	Nombre	Tonnage	Nombre	Tonnage	Nombre	Tonnage	Nombre	Tonnage	Nombre	Tonnage
Français	1.558	124.197	4.062	271.971	1.296	149.931	1.387	222.664	1.276	297.053	1.583	388.727	1.818	619.224	1.611	579.427	1.805	647.880	1.679	626.090	1.645	668.506
Anglais	175	21.384	150	15.592	105	13.676	176	49.956	58	6.773	165	22.481	300	94.939	252	98.056	349	148.282	446	184.729	372	154.296
Russes	22	5.778	19	6.482	19	4.605	»	»	3	1.698	1	1.457	9	2.789	»	»	4	1.139	3	1.104	3	659
Suédois et Norwégiens	50	11.974	89	22.582	18	5.139	73	20.445	51	14.679	55	18.344	50	18.031	29	10.382	39	12.874	49	17.777	64	21.693
Danois	7	1.393	9	1.281	»	»	1	114	»	»	2	372	»	»	»	»	»	»	»	»	»	»
Hanovriens	»	»	1	64	»	»	4	487	»	»	1	183	»	»	»	»	»	»	»	»	»	»
Hollandais	»	»	»	»	»	»	1	121	»	»	4	1.295	»	»	1	225	1	777	2	1.825	6	3.361
Belges	»	»	»	»	»	»	»	»	»	»	»	»	»	»	»	»	1	514	4	1.870	3	1.460
Prussiens	»	»	9	789	1	250	»	»	»	»	»	»	»	»	»	»	»	»	»	»	»	»
Autrichiens	217	48.668	82	16.494	29	6.762	81	26.504	16	5.199	14	5.281	26	8.464	23	7.970	43	15.709	61	21.340	55	17.676
Italiens	1.054	110.182	749	66.243	382	33.083	366	37.133	289	17.560	619	26.980	504	34.644	596	39.900	624	47.659	690	53.799	567	56.074
Grecs	30	6.580	92	21.159	120	29.526	7	1.283	4	1.139	2	570	50	11.244	2	346	16	3.734	4	1.026	6	1.277
Turcs	»	»	4	441	32	6.504	4	190	»	»	1	177	17	1.151	7	356	5	413	7	540	1	26
Etats barbaresques	98	2.234	83	1.543	29	386	25	244	36	301	38	481	84	1.182	97	1.698	32	1.179	50	1.242	42	846
Egyptiens	»	»	1	100	»	»	»	»	»	»	»	»	»	»	4	55	»	»	»	»	»	»
Espagnols	552	11.979	918	22.094	542	12.912	993	26.072	937	27.257	1.296	42.025	1.194	55.786	1.353	57.963	1.271	61.602	1.101	50.277	1.239	67.610
Portugais	»	»	»	»	4	51	2	272	»	»	28	1.579	13	878	16	908	36	1.480	17	716	28	1.599
Américains	»	»	5	1.541	»	»	13	10.606	2	709	1	147	»	»	2	1.320	»	»	1	319	5	1.879
Meklembourgeois	»	»	1	260	2	308	»	»	»	»	1	332	2	552	»	»	»	»	»	»	»	»
Hambourgeois	»	»	»	»	»	»	1	120	»	»	»	»	»	»	»	»	»	»	»	»	»	»
Lubeckois	»	»	1	200	»	»	»	»	»	»	»	»	»	»	»	»	»	»	»	»	»	»
Brémois	»	»	1	230	»	»	»	»	»	»	»	»	»	»	»	»	»	»	»	»	»	»
Association allemande	»	»	»	»	3	614	1	300	3	671	2	576	5	1.778	5	1.290	9	2.036	4	1.750	7	2.657
Syriens	»	»	»	»	5	413	»	»	»	»	»	»	»	»	»	»	»	»	»	»	»	»
Brésiliens	»	»	»	»	»	»	1	278	»	»	»	»	»	»	»	»	»	»	»	»	»	»
	3.763	344.369	6.276	449.066	2.587	264.160	3.136	396.849	2.675	373.639	3.813	511.007	4.069	850.662	3.998	799.596	4.235	945.278	4.118	964.404	4.043	999.625

TABLEAU N° 4.

RÉSUMÉ EN VALEUR DU MOUVEMENT COMMERCIAL

ANNÉES	IMPORTATIONS			EXPORTATIONS			TOTAL, IMPORTATIONS et EXPORTATIONS COMPRISES
	DE FRANCE	de L'ETRANGER et des ENTREPÔTS	TOTAL	pour FRANCE	pour L'ETRANGER	TOTAL	
1831	»	»	6.504.000	»	»	1.479.600	7.983.600
1835	5.897.882	10.888.855	16.778.737	1.636.883	960.983	2.597.866	19.376.603
1840	23.194.976	31.677.126	54.872.102	2.055.575	1.733.259	3.788.834	58.660.936
1845	62.140.690	32.501.915	94.642.605	5.723.265	4.767.794	10.491.059	105.133.664
1850	43.226.719	29.466.063	72.692.782	16.724.024	2.538.359	19.262.383	91.955.165
1851	47.456.725	18.986.399	66.443.124	18.080.087	1.712.704	19.792.791	86.235.915
1852	55.243.330	10.148.711	65.392.044	19.449.093	2.105.426	21.554.519	86.946.560
1853	61.860.022	10.927.993	72.788.015	27.959.285	2.823.307	30.782.592	103.570.607
1854	62.902.294	18.332.153	81.234.447	29.660.007	12.516.061	42.176.068	123.410.515
1855	82.186.879	23.265.148	105.452.027	36.149.010	13.171.019	49.320.029	154.772.056
1856	76.809.094	32.107.202	108.916.296	30.307.103	8.793.617	39.100.720	148.017.016
1857	79.894.966	24.904.399	104.796.365	28.290.766	5.587.149	33.877.915	138.674.280
1858	88.379.452	19.634.970	108.014.422	30.840.157	8.189.711	39.029.868	147.044.290
1859	94.554.903	21.933.278	116.485.181	34.557.849	5.183.211	39.741.060	156.226.241
1860	96.902.618	12.554.835	109.457.453	42.084.507	5.701.475	47.785.982	157.243.435
1861	101.522.084	15.078.011	116.600.095	39.195.610	9.898.510	49.094.120	165.694.215
1862	86.390.547	17.624.929	104.015.476	29.127.310	6.231.617	35.358.927	139.374.403
1863	100.873.397	16.745.744	117.519.141	40.901.120	7.308.436	48.209.556	165.728.697
1864	121.410.361	15.048.432	136.458.793	80.114.754	27.952.600	108.067.354	244.526.147
1865	156.511.594	18.764.169	175.275.763	76.380.881	24.157.580	100.538.461	275.814.224
1866	160.404.465	18.760.462	179.164.927	72.221.552	20.511.355	92.732.907	271.897.834
1867	131.012.328	56.664.679	187.677.007	78.227.771	18.934.212	97.161.983	284.838.990
1868	134.661.728	58.002.632	192.664.360	78.288.501	24.780.803	103.069.304	295.733.664
1869	142.004.714	41.298.090	183.302.804	80.802.920	30.148.403	110.951.323	294.254.127
1870	131.833.764	40.856.949	172.690.713	63.897.349	60.558.900	124.456.249	297.146.962
1871	143.133.729	51.869.116	195.002.845	77.068.267	34.632.405	111.700.672	306.703.517
1872	146.214.119	50.830.858	197.044.977	121.848.630	42.755.004	164.603.634	361.648.611
1873	162.027.767	44.709.433	206.737.200	112.000.085	40.216.281	152.216.366	358.953.566
1874	152.579.806	43.675.408	196.255.214	103.369.869	45.983.026	149.352.895	345.608.109

TARIF DES DROITS D'OCTROI DE MER, AVEC L'INDICATION DES DROITS DONT SONT PASSIBLES LES MÊMES PRODUITS EN MATIÈRE DE DOUANE

TABLEAU N° 5.

	NATURE DES MARCHANDISES	OCTROI — UNITÉ de PERCEPTION	OCTROI — QUOTITÉ du DROIT	DOUANES (5) — UNITÉ de PERCEPTION	QUOTITÉ DU DROIT — TARIF général	QUOTITÉ DU DROIT — TARIF conventionnel	QUOTITÉ DU DROIT — TARIF spécial
Boissons	Vins ordinaires (1 et 2) — en cercles, ou dames-jeannes	hect. de liquide	5 00	hect. de liquide	5 00	0 30	»
	Vins ordinaires (1 et 2) — en bouteilles	—	15 00	—	5 00	0 30	»
	Vins de liqueur et vermouth — en cercles	—	8 00	—	20 00	0 30	»
	Vins de liqueur et vermouth — en bouteilles, ou dames-jeannes	—	25 00	—	20 00	0 30	»
	Vinaigres — en cercles	—	5 00	—	2 00	2 00	»
	Vinaigres — en bouteilles, ou dames-jeannes	—	10 00	—	2 00	2 00	»
	Bière	—	5 00	—	7 20	»	2 00
	Cidre	—	5 00	—	2 40	0 25	»
	Poiré	—	5 00	—	2 40	»	»
	Hydromel	—	5 00	—	30 00	»	»
	Eaux-de-vie et esprits — en cercles	hect. d'alcool	40 00	hect. d'alcool	30 00	15 00	»
	Eaux-de-vie et esprits — en bouteilles, ou dames jeannes	hect. de liquide	40 00	—	30 00	15 00	»
	Liqueurs	—	40 00	hect. de liquide	35 00	15 00	»
	Jus de fruits avec plus de 5 p. % d'alcool. (3)	—	40 00	—	30 00	15 00	»
Comestibles	Fruits et légumes confits au vinaigre — en cercles	hectolitre	5 00	—	»	»	»
	Fruits et légumes confits au vinaigre — en bouteilles	—	10 00	—	»	»	»
	Glucose et sucres — bruts	100 kil. N.	5 00	100 kil. N.	»	»	20 00
	Glucose et sucres — raffinés	—	5 00	—	»	»	30 00
	Café	—	5 00	—	»	»	30 00
	Chicorée moulue et faux cafés	—	5 00	—	»	»	»
	Chocolat	—	10 00	100 kil. N.	150 00	95 10	»
	Thé	—	25 00	—	»	»	»
	Sucreries, bonbons, fruits confits au sucre, confiture, raisiné	—	12 00	—	»	»	»
	Sirops, caramel, oignons brûlés	—	10 00	—	»	»	»
	Pâtisseries sucrées (biscuits, macarons, nougats) etc.	—	6 00	—	»	»	»
	Pains d'épices	—	5 00	—	»	»	»
	Conserves alimentaires	—	20 00	—	»	»	»
	Fruits confits à l'eau-de-vie	—	20 00	—	»	»	»
	Mélasse, miel et conserves au miel	—	5 00	—	»	»	»
	Marrons, chataignes et leurs farines	—	5 00	—	»	»	»
	Pâtes d'Italie et autres pâtes granulées	—	5 00	—	»	»	»
	Fromages	—	3 00	—	»	»	»
	Sel marin	—	1 00	—	»	»	»
	Viandes salées, lard en planche et conserves	—	5 00	—	»	»	»
	Saindoux	—	3 00	—	»	»	»
	Poissons de mer — Morues salées	—	5 00	—	48 00	»	»
	Poissons de mer — autres, secs, salés, fumés, marinés ou à l'huile	—	5 00	—	»	»	»
	Porcs vivants	La tête.	6 00	—	»	»	»
	Aulx	100 kil. N.	3 00	—	»	»	»
Epices	Moutarde (farine et confection de), gingembre, coriandre pulvérisée	100 kil. N.	15 00	—	»	»	»
	Piments — communs	—	5 00	100 kil. N.	»	»	15 00
	Piments — des colonies	—	20 00	—	»	»	15 00
	Poivre	—	20 00	—	»	»	15 00
	Cannelle et cassia-lignéa	—	45 00	—	»	»	15 00
	Muscades — en coque	—	100 00	—	»	»	50 00
	Muscades — sans coque	—	100 00	—	»	»	75 00
	Macis, fèves, pichurim	—	100 00	—	»	»	»
	Noix de sassafras, de girofle, de ravensara	—	100 00	—	»	»	»
	Girofle — clous	—	40 00	100 kil. N.	»	»	50 00
	Girofle — griffes	—	40 00	—	»	»	12 00
	Autres et extraits liquides pour assaisonnement	—	15 00	—	»	»	»
Combustibles	Chandelles de suif	100 kil. N.	5 00	—	»	»	»
	Bougies de toute sorte	—	10 00	—	»	»	»
	Suif	—	2 00	—	»	»	»
Objets divers	Savons, autres que de parfumerie	100 kil. N.	3 00	—	»	»	»
	Cambouis	—	2 00	—	»	»	»
	Tabacs — en feuilles	—	10 00	100 kil. N.	»	»	20 00
	Tabacs — fabriqués (cigares et autres) (4)	—	20 00	—	»	»	40 00

OBSERVATIONS

(1) En ce qui concerne les vins ordinaires, seulement, les dames-jeannes sont assimilées aux futailles. Lorsqu'elles contiennent d'autres liquides, elles sont considérées comme bouteilles.

(2) Les bouteilles, flacons et cruchons d'un litre à un demi-litre, exclusivement de contenance, sont pris pour un litre; ceux d'un demi-litre et au-dessous pour un demi-litre. Chaque bouteille d'eau-de-vie ou d'esprit, quel qu'en soit le degré, est comptée pour un litre d'alcool pur; les demi-bouteilles pour un demi-litre.

(3) Les jus de fruits purs seront affranchis du droit d'octroi toutes les fois que l'addition d'alcool n'excèdera pas 5 p. %, proportion rigoureusement indispensable pour neutraliser la fermentation.

(4) Les tabacs fabriqués en France, arrivant sous plombs et vignettes de la régie, sont exempts de droits.

(5) Les marchandises extra-européennes tirées des entrepôts d'Europe autres que ceux de France, et les marchandises dont l'origine n'est pas justifiée, sont passibles d'une surtaxe de 3 fr. par 100 kil. (Loi du 30 janvier 1872.)

De plus, l'on soumet à un droit supplémentaire de 4 p. % du recouvrement total, les perceptions sur les sucres, de toute provenance, même de France, les mélasses non destinées à la distillation, les confitures, fruits confits ou conservés au sucre, les chocolats ou le cacao broyé, non originaire de la métropole, les tabacs en feuilles ou fabriqués, autres que de santé ou d'habitude. Les denrées coloniales et tous les produits des pays contractants auxquels on appliquerait le droit du tarif général ou spécial, comme étant plus favorable que celui du tarif conventionnel et les produits qui, frappés de prohibition par le tarif de la métropole, sont exceptionnellement admis en Algérie au bénéfice du tarif conventionnel, à l'importation des pays non contractant.

L'addition de 4 p. % porte aussi sur les surtaxes d'entrepôt ou de provenance comme sur le droit principal. (Loi du 30 décembre 1873.)

www.ingramcontent.com/pod-product-compliance
Ingram Content Group UK Ltd.
Pitfield, Milton Keynes, MK11 3LW, UK
UKHW020141200726
13856UKWH00003B/793

9 782011 778826